这样做，轻松渡过叛逆期

雅凝 编著

化学工业出版社
·北京·

内容简介

说起叛逆期，经常被认为是令人头疼的讨厌阶段。亲子关系恶化、被动式学习让很多父母陷入身心俱疲的窘境。然而，换个角度看，叛逆背后其实是成长，叛逆期恰恰是孩子成长的关键期。本书作者从一个海淀妈妈和家庭教育规划师的角度，帮助父母们转变观念，摆脱焦虑，理性认识叛逆期，学会用温和有力的"爱""信任"，以及行之有效的更适合中国家庭的"正面管教"方式，唤醒孩子的自驱力，帮助孩子实现自驱型成长。

本书适合父母阅读，也可供家庭教育领域相关人员参考。

图书在版编目（CIP）数据

这样做，轻松渡过叛逆期/雅凝编著. —北京：化学工业出版社，2023.8
ISBN 978-7-122-43586-6

Ⅰ.①这… Ⅱ.①雅… Ⅲ.①青春期-家庭教育 Ⅳ.①G782

中国国家版本馆CIP数据核字（2023）第100878号

责任编辑：吕佳丽　王丽丽
责任校对：李　爽
装帧设计：李子姮

出版发行：化学工业出版社
　　　　　（北京市东城区青年湖南街13号　邮政编码100011）
印　　装：中煤（北京）印务有限公司
880mm×1230mm　1/32　印张 7 1/4　字数129千字
2023年10月北京第1版第1次印刷

购书咨询：010-64518888
售后服务：010-64518899
网　　址：http://www.cip.com.cn
凡购买本书，如有缺损质量问题，本社销售中心负责调换。

定　　价：59.80元　　　　　　　　　　版权所有　违者必究

导读

　　这本书我是写给那些不会和孩子相处的父母看的，因为第一次做父母，他们常常不理解孩子哭闹行为背后的原因，完全不知道拿一个小生命应该怎么办。本书我也是写给觉得养育孩子是一件小事情的父母看的，他们可能觉得长大并不是一件困难的事情，毕竟他们的父母糊里糊涂就养大了好几个孩子，可实际上想要孩子得到好的成长并不是一件容易的事情。这本书我也是写给那些对养育孩子望而却步的父母看的，被四周"焦虑""内卷""鸡娃"这些名词包围着，他们可能会觉得养孩子比登天还要难。这本书我更是写给每一个渴望生育孩子、陪伴孩子长大的父母看的。

　　通过读这本书，你会对孩子每一个年龄段的行为、情绪、需求有科学的认知，你能学会识别孩子的性格和能力，你能学会陪伴孩子幸福成长的方法；你会发现，孩子是你生命中最珍贵的礼物，他是天空中最耀眼的星星，是他选中了你们，你们要加倍地珍惜他、呵护他。总之，养育孩子会是父母生命中无比宝贵而重要的人生阶段。

父母是孩子最好的园丁

很多时候，家长听到叛逆期这个词就会头疼，孩子不听话是因为叛逆，孩子沉溺于电子游戏是因为叛逆，孩子和朋友打架是因为叛逆。教育专家不是说叛逆期12岁才到吗？怎么现在的孩子叛逆得越来越早了呢？

究竟什么是叛逆期？搜索一下我们很容易就能得到答案。叛逆期是指青少年处于心理的过渡期，其独立意识和自我意识日益增强，迫切希望摆脱成人（尤其是父母）的监护。他们反对父母把自己当小孩，而以成人自居。为了表现自己的"非凡"，他们对任何事物都有批判的倾向。

以上也是我们通常对叛逆期的理解，既然概念并不复杂，那我为什么还要用一本书来讲叛逆呢？这是因为一直以来我们容易把叛逆期和青春期混淆，下面我们来看看这些行为算不算叛逆。

- 1 岁的小孩不让父母喂饭，自己反着抓勺子进食，可是饭怎么也喂不到嘴里，但就是不把勺子交给大人。他们还喜欢把玩具扔得到处都是。
- 2 岁的孩子如果自己没有按电梯上楼，哭着要求下到一楼再按一遍电梯上楼才满意。
- 3 岁的孩子玩滑梯，不爬梯子走到顶部，非得顺着滑梯的斜坡爬上去。
- 4 岁的孩子不让家长帮忙拼积木，一定要推倒了自己拼。
- 5 岁的孩子上幼儿园快迟到了，无论父母怎么劝说就是要自己系好鞋带才出发。
- 6 岁的哥哥不懂事，不让弟弟妹妹碰自己的玩具，还偷偷地欺负弟弟妹妹。
- 7 岁的小孩遇到事情还喜欢哭闹，无法控制自己的情绪，不会想办法解决问题。
- 8 岁的小孩不能按计划做事，答应的事情说到做不到。
- 9 岁的孩子不让父母叫自己宝宝，有时候还会和老师起争执。
- 10 岁之后孩子的叛逆行为就数不胜数了，也就进入了我们认为最难教育的青春期。

如果我这样列举下去，孩子叛逆的事情真的是数不胜数，如果我再继续列举下去，可以写出一个人70岁甚至80岁还会做的叛逆的事。我们发现通常所说的叛逆期并不是一个准确的概念，每一个人在每一个年龄段都会有叛逆的行为，只是在10岁到18岁的青春期会显得特别明显。同样是青春期，为什么别人家的孩子就能礼貌懂事，学习努力，而自己家的孩子就情绪反复无常，和父母无话可说，甚至是横眉冷对？科学研究表明，青春期是孩子大脑发育的第二个高峰期，聪明的父母如果能识别青春期孩子叛逆行为背后实际的需求，理解孩子的压力，支持孩子的成长，把叛逆行为变成成长的机会，那你也能拥有一个不叛逆的别人家的孩子。

从上面的分析中可以得出我对叛逆期的理解，"叛逆期"应该叫作"成长期"，父母如果能够转变传统的思维方式，珍惜孩子在这个时期的每一个与自己不同的意见，每一次表现出的不听话，每一次意料之外的"翻车"事件，偷偷改了成绩单上的分数，鼓足勇气写出人生中的第一封"情书"，突然摔门而去……

当我们把这些成长中的"事故"看作是孩子成长中的催化剂时，我们期望的就会是经历过后的成长。虽然孩子的身高可能超过了父母，但他们依然是稚气未脱的孩子，激动的情绪背后一定隐藏着被爱、被关注、被信任的渴望。我们总是把老师叫作园丁，但其实父母更应该是园丁。每一个孩子都是一株独特的植物，每一种植物都需要在不同的时间、不同的季节浇水施肥，最有爱心、有耐心、有恒心的园丁只能是父母，而每一株植物的花期，是园丁最大的期盼和荣耀。

本书将分析孩子各年龄段叛逆行为背后的情绪需求，让父母正确认识叛逆期并利用好孩子叛逆背后的成长需求，最终让叛逆期成为孩子的发力期、逆袭期。

目录

01

理性认识叛逆期

面对孩子的一种行为，把它看作叛逆
还是成长，其实关键在于我们的视角。

在谈到隔代养育时，我们脑海中是不是常浮现出爷爷奶奶对孩子无限的包容和浓烈的爱？有时我们会认为爷爷奶奶在带孩子时没有界限，过度地纵容孩子，进而认为隔代养育是不恰当的。仔细思考一下，事情的另一面却是如果由父母亲自来养育孩子，我们缺少的恰恰是足够的爱心和耐心。隔代养育的优势是爷爷奶奶对养育孩子有经验，同时他们知道这是一个漫长的过程，在这个漫长的过程中，孩子的哭闹是非常正常的事情。

在我儿子还是婴儿的时候，我经常被他整夜不停的哭闹折磨得不知所措，情绪失控。而当时我父母对我说的最接地气、最朴实的一句话是："茄子是吊大的，孩子是哭大的。"这种经验之谈让我理解了孩子哭是长大的必经之路，我们不能被孩子的哭闹带到糟糕的情绪中去，因为那只会让我们无能为力。我们应该试着去了解孩子哭闹背后的需求是什么，然后满足他。这个方法经过我一再地探索和尝试，使我面对孩子越来越自如、越来越有办法。后来儿子12岁的时候问我："妈妈，为什么我心里想什么你都知道？"我开心地说："因为你是我的孩子啊，我当然知道你在想什么。"而实际上，并不是每一个父母都知道自己的孩子在想什么。为什么哭？为什么发脾气？为什么对父母的话不理不睬？他们没有花时间和心思在孩子身上，所以他们对孩子的需求并不了解。如今我儿子已经18岁了，他还经常会问一些孩子气的问题："妈妈，我为什么没有叛逆期？""我为什么从来没有挨过打？""你不陪我，是因为我在你心里没有那么重要了吗？"……

我之所以讲这些，是想说孩子的行为是不是叛逆，取决于父母对孩子行为的态度。如果我们觉得孩子可爱，他用手抓着米粒努力往嘴里塞，我们会觉得孩子是在探索、在成长，哪怕他把米粒撒得到处都是，哪怕你还要给他换衣服、洗衣服。

我儿子2岁的时候特别喜欢撕纸，我给他买的小绘本被他撕坏了好多。保姆觉得可惜，就把书都收了起来，我听说后，就找了很多报纸和他一起撕着玩，然后教他怎么把纸撕成不同的形状，把不同形状的纸描到白纸上让他看，把纸折成不同的形状让他模仿。最有趣的是他发现一张纸折成两层他自己还撕得动，可是折成四层就得求助爸爸帮他撕了，当然爸爸也趁机告诉他要好好吃饭，力气才能像爸爸一样大。

通过上述例子，大家可以看出孩子究竟叛不叛逆往往只在我们的一念之间。这些所谓的"叛逆"只是体现出孩子成长的需求罢了。

下面，我们来看看不同叛逆期的典型表现吧。

一、不同叛逆期的典型表现

根据孩子的年龄段，通常把叛逆期分为三个典型的阶段——宝宝叛逆期、儿童叛逆期和青春叛逆期。平时我们最常说的也是最担心的是青春叛逆期，而对宝宝叛逆期这个概念一般并不是特别了解。

孩子在婴幼儿时期，对成年人表现出极端的依赖，面对无助的小娃娃，父母也会精心地呵护和照料，所以很少会感受到孩子的叛逆。在婴儿期，宝宝无法表达自己的需求，所以总是用哭来告诉父母他们的需求。这时宝宝的需求比较简单，无非是饿了、困了、拉了、尿了、不舒服了，父母很容易判断出宝宝的需求，也很容易满足宝宝的需求。但是随着孩子能力的提升，尤其是会翻身、会爬、会坐、会走之后，出于对周围环境的好奇和身体成长发育的需求，他们会做出很多让人生气的行为，如吃手、咬玩具、把东西扔得四处都是。如果我们不了解孩子的成长需求，就很难理解孩子吃手、咬玩具是因为处于口欲敏感期，扔东西可能是在感受东西落地时的声音。

> 说到这里，大家就应该很容易理解，孩子的很多行为背后其实都隐含着成长的需求。

如果我们提前了解每一个时期孩子因为成长可能会表现出的行为，提前为孩子的成长作好准备，当孩子表现出我们不能理解和接受的行为时，我们就更容易心平气和地去面对，甚至还能提前做好相应的解决方案。

这本书里我们无法一一列举出孩子可能出现的所有不符合大人要求的叛逆行为，但可以为大家分析一下孩子在三个典型的叛逆期的特点和表现。之所以说是典型时期，是因为这个时期的这些行为是最为常见和普遍的，进而让大家能理解之后要讲的叛逆行为背后的成长需求。

1.宝宝叛逆期：2～4岁，是孩子人生的第一个叛逆期

这个时期最典型的表现是执拗、重视秩序和有强烈的占有欲。2～4岁的孩子逐渐形成自我意识，开始有自己的想法，但他们还分不清他人和自己的差别，所以很容易以自我为中心，对物品也有着强烈的占有欲，很多时候会显得小气、霸道、任性。

如果父母一味地想讲道理说服他，通常会以失败告终。这让父母觉得很无奈、也很气馁，当然核心问题是这么小的孩子就开始挑战父母的权威，表现出来的是不懂道理、不听话。不少父母开始担心，这么小就这么不懂道理，这么倔强，这么不听话，长大了可怎么办？在和别人聊起自己孩子的时候，这些父母容易不自觉地比较、担心、抱怨，他们没察觉的是这些比较、担心、抱怨也会让他们不自觉地给孩子贴上第一层不可爱、不懂事、小气、霸道、任性的标签。我们经常怕学校老师给孩子贴标签，可是经过上面的分析，大家可以看到父母很可能是第一个给孩子贴标签的人。

这个时期最常见的也是让父母比较头疼的还有孩子对秩序的强烈需求。比如，为什么孩子一定要把杯子放在一个固定的地方？为什么进门要摆好拖鞋？为什么必须自己按了电梯的按键才上楼？为什么不让别人动自己摆好的玩具？儿童在建立秩序感的这个特殊时期，他们所表现出的过分需求常常被认为是任性和胡闹，儿童在这一时期常常难以变通，有时会到不可理喻的地步。儿童这些执拗、任性其实是没有完全发育好的大脑在起作用。

2.儿童叛逆期：7～9岁，孩子人生的第二个叛逆期

这个时期也有一个说法叫作"准大人期"，在这个时期孩子的心中已有"自己已经是一个小大人了"的想法。

这个时期也是孩子从家庭、幼儿园这两个微观社区走向小学

这个更大社区的开始（关于孩子的环境归属这个话题，还会在本书后面的章节中做详细的阐述）。孩子开始从向父母学习转为向老师学习、向同学学习，孩子的语言能力、沟通能力迅速提升，知识量也开始迅速增长，他们不再满足从父母那里获取信息。由于现代社会科技发展突飞猛进，孩子获取信息的渠道越来越多，父母常会觉得现在的孩子怎么什么都知道，而自己这么大的时候还是傻乎乎的。孩子开始用从外界学到的信息和能力与父母沟通、讨论，很多时候他们会用自己还不深入的认知挑战父母的权威，尤其是过去什么都由父母说了算或者不被父母肯定的孩子，这个时期挑战父母的行为最为突出，他们通过这些挑战行为想告诉父母："看，我比你们懂得多""我一点儿也不笨""我并不比谁谁谁差""不按你们说的做，我照样很厉害"……不难看出，这个时期孩子对父母的挑战，就是想为自己争取存在感、话语权和父母的认同。

如果0～7岁的孩子和父母建立了良好的亲子关系，沟通得非常顺畅，孩子得到了认知的成长和认可，没有被父母贴上第一层标签，那当孩子收获了新的信息和有想法的时候，他们就会积极地和父母沟通，而不会表现出挑战和叛逆。但如果父母在孩子上小学前已经有了很多担心和焦虑，处处不认同孩子，想尽办法纠正孩子的行为，那么在和老师沟通时会非常容易把自己给孩子贴过的第一层标签表现出来。这时候很可能会发生恶性循环，那就是老师也会给孩子贴上同一层标签，因为这是孩子的父母告诉老师的。正确的做法是，放下自己对孩子的评价和怀疑，听听老师是如何看待孩子的，很可能老师眼里的孩子和你眼中的孩子是完全不同的。

> 从上面的分析，我们很容易发现，孩子第二个时期的叛逆更多的是第一个时期父母和孩子相处的不良方式造成的。关于如何和孩子实现良好的沟通，在本书的第五章里，我会教给大家非常有效的方法。

3.青春叛逆期：10 ~ 18岁，孩子人生的第三个叛逆期

在20年前，青春期的时间比现在所说的要短，那时通常都是说从12岁到16岁，那现在为什么开始的时间提前了两年、结束的时间也推后了两年呢？这是因为知识和信息的获取越来越容易，很多孩子的认知发展水平比20年前已经提高了很多。许多10岁的孩子从知识获取、技术能力等很多方面都超越了家长，父母在和孩子交流中的挑战就大了很多，另外青春期结束的时间推后两年的现象在中国孩子身上尤其明显。在经济条件优越和独生子女家庭中长大的孩子，很多会表现出不够独立、不愿意努力，也就是现在常说的躺平现象。一方面，如果在18岁这个应该长大成人的年龄，孩子却依然不够独立，这让父母感觉到很难

从孩子的成长中撤退出来；另一方面，如果经过了18年的教育和培养，孩子和父母的期待相差甚远，这也让父母的内心无法接受，孩子任何一种与父母期待相对抗的行为都可能让父母充满挫败感，所以这样的父母对孩子的"叛逆行为"自然更为敏感，青春期就成了大家普遍认为的最严重的叛逆期。

二、叛逆期是孩子成长的关键期

如果我们希望一个5岁的孩子专注读书40分钟，可是孩子读了20分钟后，就东张西望，一会儿找借口上厕所，一会儿找借口喝水、吃东西，这经常是父母和孩子矛盾升级的时候。其实科学研究表明，5岁孩子保持专注力的时间就是20分钟左右，如果父母了解孩子的成长规律，这个对抗就不会发生。当然专注力是可以培养的，比如对于5岁的小孩，我们读书前可以定个闹钟，20分钟为一个时间段，读20分钟后休息一下，做会儿游戏、喝点水、吃点东西都可以，然后再开始下一个20分钟的阅读时间。3个月后每一个时间段可以增加为25分钟，这样到了6岁的上学年龄，孩子集中注意力的时间就符合学校每节课40分钟的要求了。通过这个例子，大家应该会发现，只要了解孩子的成长规律，尊重孩子的成长需求，那很多我们看不惯的行为都可以变成孩子成长的机会。

最让父母头大的是，青春期是叛逆行为的集中增长期，这个时期的叛逆行为会超过前两个时期的总和，这可能是很多父母最担心、最害怕面对的时期，那么为什么这个时期孩子的叛逆行为会爆发式增长呢？

一提到叛逆这个词，家长的焦虑指数就会极速上升。焦虑来源于对事情发展未知的恐惧，如果了解了孩子青春期成长的特征，理解了叛逆行为背后的真实需求，找到正确的应对方法，青春期其实能平稳度过。青春期是孩子大脑、身体极速成长的关键时期，找到孩子成长的需求并积极支持，孩子就极有可能在这个时期飞速成长。我们经常会说，有些孩子在初中的时候忽然开窍了、懂事了，知道自己努力学习了，其实这就是孩子成功地利用了青春期，实现了大脑的飞跃式成长。而有些孩子在青春期却表现得极端对抗、情绪失控、迷茫焦虑，这很可能是因为孩子得不到父母、老师的理解和支持，自己又无法应对成长带来的身体和大脑的变化。青春期孩子的身体和大脑中仿佛有各种力量、各种声音在相互冲撞，仅仅依靠他们自己有时是很难找到通道或出口的。如果父母能了解孩子这个时期的变化和需求，及时给予关怀和支持，孩子就可能会实现极速的突破。下面我们就来看看青春期孩子究竟在面临怎样的成长和变化吧。

我先列举一下青春期孩子最常发生的一些变化：

（1）饭量增加，每天需要9～10个小时的睡眠时间；

（2）身高增长，体重增加，体型变化，激素分泌增加，其中男孩和女孩的变化特征不同；

（3）喜欢冒险和有挑战性的事情；

（4）开始从不同的视角思考问题；

（5）开始理解抽象概念，能够解决复杂问题；

（6）逐渐学会反思，开始思考自我的价值和意义；

（7）经常会患得患失、情绪不稳定、纠结犹豫；

（8）喜欢讽刺或者挑衅他人；

（9）时常感到无聊和无趣；

（10）对身体的变化感到不安；

（11）在意别人对自己的看法。

　　以上我只是列出了一些显而易见的变化，大家可以发现孩子成长中的优点和缺点都是比较明显的。比如学会反思，学会解决问题，思考自我的价值和意义……这些优点会使我们与青春期的孩子进行交流时感到很开心，觉得孩子开始成熟懂事了，思考问题也变得深入，但这个时期孩子表现出的缺点更让父母头疼，甚至不知所措。他们时而开心，时而愤怒，时而积极，时而百无聊赖，有时候表现得善解人意，有时候却一言不合，摔门而去，很多问题是父母和孩子都无法应对的。而这些表现全都是因为青春期的孩子正在经历着大脑的极速变化，因此理解青春期孩子的关键是先要了解他们大脑的变化规律。

青春期孩子大脑的变化是很多父母认知中一个相对空白的领域。只有了解了青春期大脑变化的情况，才能帮助孩子成长，才能让孩子愉快地向成年过渡。下面根据现代的科学研究来为大家介绍一下青春期大脑发育的关键性特点。

在孩子的青春期，大脑的前额叶皮质和杏仁核发挥着关键的作用。前额叶皮质是负责思考、计划的区域，杏仁核是负责情绪、感觉的区域。这两个区域在青春期经历着重要的发展和变化。大脑的第三个重要区域是海马体，这是大脑中和记忆紧密相关的部分。它在青春期非常活跃，在孩子的学习中起着重要的作用。

由于这三大区域的功能各不相同，它们的成熟过程就会影响孩子的能力提升和情绪变化。前额叶皮质成长得好，我们会发现孩子会深度思考或开始为对方着想了，开始喜欢做计划，开始尝试用不同的方法解决问题，开始意识到社会的复杂性，开始学会辩证地讨论问题，越来越理解抽象思维，着迷于科学推理和逻辑判断。这些都是大脑成熟过程中积极的变化，但同时孩子想得越多，事情就变得越复杂，他会开始在意别人对自己的看法和评价，开始患得患失，变得敏感而任性。如果父母事先了解孩子出现这些变化的原因，就不会过度关注孩子这些负面的表现，不过度解读孩子行为背后的态度。因为他们的情绪不是冲着你来的，他们也不知道自己当时为什么那么激动。父母觉得青春期的孩子总是提不起精神，经常没精打采，无法沟通和对话，其实他们很可能就是因为一件很小的事情没想通。我们可以适当尝试沟通，如果不起作用，就一切照常，在他们的视线范围内安静地陪伴，千万不要因为孩子的无理取闹就丧失冷静、气急败坏。

我们再来看看杏仁核的变化给青春期的孩子带来了什么。杏仁核是大脑的情绪处理中心，对恐惧、愤怒和焦虑特别敏感，当感觉到危机来临的时候，杏仁核会迅速发出警告，这时候孩子就进入防御模式，要么开始战斗，要么就是逃跑。人在高度的威胁和压力下是无法冷静思考的。这就是青春期的孩子会那么容易和父母对抗的原因之一，当然另一面他们也可能会对父母不理不睬。在高度的压力和焦虑下大脑被杏仁核控制，管理大脑思考能力的前额叶皮质的发展会受到限制，孩子就更加不容易控制自己的情绪了。

我们可以把前额叶皮质想象成大脑中的"成人"区域——指挥和控制中心，而杏仁核是"儿童"区域——大脑中负责需求和情感的部分。这两个区域并不会同时走向成熟，当成人区域发展得快一些时，孩子就会表现得理智；当儿童区域发展得快一些时，孩子很可能就会表现得无理取闹。

海马体是创造和储存记忆的区域，在长期的压力、威胁、恐惧和焦虑下，海马体会被过度分泌的激素弱化，这会严重影响孩子的学习能力和记忆能力，所以父母越是施加压力要求孩子学习，孩子可能反而越是学不进去。对于学习能力弱的孩子，父母不能武断地认定孩子不够努力或者不求上进。每一个孩子都希望自己是第一名，被表扬、被认可、被父母喜欢，可是很多时候他们其实是力不从心的，或者是压力太大。

这个时期，父母要了解的重点是，孩子大脑的发育正在帮助他们逐渐成长，他们时而像孩子，时而又像是成年人，这是他们从孩子向成年过渡的必经阶段，成长和变化会带来令人惊喜的突破和改变；但如果处理不当，也可能带来叛逆和危机。

> 无论是宝宝叛逆期、儿童叛逆期还是青春叛逆期，孩子的叛逆行为其实是孩子自我行为的探索期、自我意识的萌芽期。而我们要做的，就是利用好成长的有利条件，把孩子的叛逆期变成他们的发力期。

三、把叛逆期变成发力期

我们要做好准备，迎接叛逆期的到来。

我儿子从小打冰球，我们有每次训练完在回家的车上聊天的习惯，这似乎也成了我们不用约定的一个沟通时间。12岁那年，儿子申请美国的中学，他不仅要保持好学校的学习成绩，同时还要准备托福、SSAT这类考试，周末有辩论赛，每周还有两次冰球训练。我们俩都觉得压力很大，有一次在完成冰球训练回家的路上，我想利用这个时间和他聊一下学习计划，我自己说得热闹，却得不到他的任何回应，我很不高兴，心里想："我在为你操心，你还不理我！"我因为带着情绪，再说出来的话语气就开始带着不满了，沉默了一路的儿子突然爆发了，叫着我的名字说："你能不能闭嘴？"我当时就愣住了，然后气愤地叫嚷了起来："你到底想干吗？难道我不是在为你做计划吗？你自己不想，还对着我叫，居然还让我闭嘴！"这是儿子长那么大对我非常不礼貌的一次，我回到家后还是带着怒气，儿子也摔门进了自己的房间。后来是他爸爸当了中间人，我们俩才和好如初。

当时，我并没有想到青春期的压力让儿子不堪重负，心里还抱怨过他抗压能力太差，那些顶尖大学的学生哪一个不是在多任务模式下学习的。现在想来幸亏我们从小建立了非常亲密的亲子关系，才让我们深爱对方，能够为对方着想，迅速地原谅了彼此。

> 通过这件事情，我发现面对孩子的叛逆行为，最有效的方法就是用爱和包容去化解压力，释放情绪。

中国有句俗语：只要功夫深，铁杵磨成针。如果孩子没做好什么事情，父母的第一个评价很可能就是他不够努力。但是每个孩子的能力天生是不同的，并不是努力就一定能够获得成功，父母要做的是与孩子一起了解他比较擅长的方面，设定可实现的合理目标。即便孩子全力以赴之后，还是没有实现目标，父母也要看到孩子如何面对失败和挫折，如何解决难题或重拾信心设立新的目标，而不是从此一蹶不振。如果父母陷在了孩子做什么都不努力的情绪里，就会不停地给孩子施加压力。如果父母不断地把自己的孩子和其他的孩子做比较，就会陷在无边无际的压力中，而孩子接收到的二手压力会更加让他们喘不过气来。

10岁到18岁的孩子，也就是处于青春期的孩子，比儿童和成年人更容易受到压力的影响。在经历了长时间的压力后，成熟的大脑在10天左右就可以恢复，而青春期的孩子却需要3个星期左右的时间。这也是青春期的孩子不好相处的原因之一。所以，为了让孩子的大脑健康地发育，家里有青春期孩子的父母，首要的任务是和孩子一起面对学业和社交中的压力，而不是把自己的焦虑和压力带给他们。

如果父母提前了解了青春期孩子的压力，了解了引发青少年叛逆行为的原因，就不会害怕青春期的到来，父母就不会把青春期的孩子看作是一个难题，而会把它当成是孩子成长的一个时期和机会。现在看来，如果我早一点了解到大脑成长的阶段和孩子表现之间的关联，面对儿子的愤怒，我可能就能压住自己的唠叨和火气，就会想办法帮助他缓解压力。在后面的章节里我会逐层探究父母焦虑的源头，解释为什么大家无法应对孩子的叛逆，还会教给大家建立和谐亲子关系的具体方法，帮助孩子找到目标感、建立自驱力、轻松度过青春期。请父母利用好大脑的成长期，启动孩子学习的发动机，让孩子实现人生第一段关键里程的飞跃式成长吧！

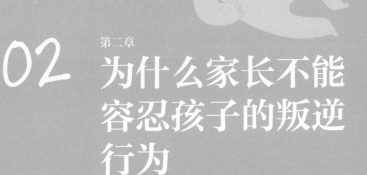

02

第二章

为什么家长不能
容忍孩子的叛逆
行为

从知道怀孕的那刻起，大部分父母对孩子的到来应该会产生巨大的期待吧，准妈妈们可能会发现小区里的孕妇变多了，婴儿车的款式也非常复杂，电视里的奶粉和母婴用品的广告变得越来越多。其实并不是周围的环境发生了变化，而是自从有了孩子，父母的关注点开始转向了与孩子相关的一切。孩子没出生时，父母关注的是孩子的发育是不是健康，好奇是男孩还是女孩；孩子出生后，父母关注的是他们什么时候会走路，什么时候会说话；再大一些，开始关注他们聪不聪明，爱不爱学习。当父母开始关注自己的孩子和别人家孩子的不同时，脑子里产生的可能经常是负面的内容。

- "为什么没有×××专注呢？"
- "明明再努力一点就能考得更好了。"
- "干别的事情时都会，一学习就不行了。"
- "很聪明，就是不努力。"

● "学习态度真差。"

面对社会上较为单一的评价体系，大多数父母从对孩子的渴望转为了对孩子的期待。我们开始比较，开始评价，开始担忧，开始焦虑。而此刻父母更多关注的其实是自己理想中的孩子，而不是眼前的孩子。

可以理解的是，自从有了孩子，父母就开始担负起了更大的责任，随着社会的发展，这份责任变得越来越重。在计划生育实行之前，很多家庭都不止一个孩子，比如我家就有5个孩子，我父母工作忙碌，能照顾好我们的吃穿，让我们健康长大就很不容易了，至于学习、工作、未来，几乎无暇顾及。而计划生育时代，很多家庭只有一个孩子，父母把所有的关注、精力和期待都放在了这个孩子身上，他们对孩子充满了信心，希望通过自己的力量帮助孩子成长得更好，让他们的未来更可控，比如找到好工作、收入稳定、家庭幸福。为了孩子的未来，父母用他们的人生经验和资源与孩子一起建立目标，一旦实现了初步计划，就会朝着更高的目标去努力。在实现目标的道路上，如果孩子行为上出现了偏差，父母会表现出焦虑，甚至不能接受。这也是我们感觉孩子为什么越来越叛逆的主要原因之一。

一、父母习惯用自己的成长方式养育孩子

我们这一代正在经历着孩子青春期的父母，基本上可以从

70后算起。我们的父母在养育我们的过程中，恐怕很少有人会思考如何寻找每个孩子的天赋和独特性。在物资匮乏的生活压力下，我们这一代的父母能想到的就是如何把我们养大，读书并不是刚性需求。自从恢复了高考政策，读书和受教育成了改变命运的最佳通道，大多数人认为教育的目的就是考高分，上好大学。所以父母把所有的精力都用在了如何培养一个学习好的孩子上面。而教育的目的究竟是什么呢？

其实教育的目的是非常简单的，那就是让孩子有独立的生存能力。有很多动物只需要几年时间就可以具备独立生存的能力，有些动物甚至出生几个小时就可以站立行走了，而大多数孩子学会走路至少要用一年的时间。不同国家对孩子成年的年龄规定不同，美国孩子是16岁，而中国孩子是18岁。孩子独立生存能力的掌握需要十几年的时间，这是一个非常漫长的过程。

> 其实父母抚养孩子的第一目标是养育他们长大，教育他们成人，具备基本的独立生存能力，而不是一定要上多么好的大学。

二、社会变化对父母育儿方式提出挑战

孩子成长最基础的方式是自然成长，现在也有一种说法叫作

"有机成长"，这也可以理解为我们那一代父母对我们的放养模式。当然也有人觉得一味地放养是危险的，因而大多数孩子的成长中都会加入管教模式，但并不是所有的管教方法对孩子的成长都是有利的，因此我把管教模式分为有效管教和无效管教。

从孩子出生，很多新父母会模仿自己父母的养育方法养育自己的孩子，随着孩子的成长，也会逐渐总结出适合自己孩子的养育方法。随着社会的发展，一些祖辈们认为有效的方法也被反思被抛弃，比如那些耳熟能详的"不打不成器""棍棒底下出孝子"等。相应地也产生了很多我们未知的方法，也是新一代父母要积极学习的方法。

总结起来，最有效的养育方法包括两种。第一种是靠基础经验、遵循孩子自然成长的规律养育孩子。第二种是个性化养育方案。

现代父母要做的是，了解趋势，接受变化，调整方法，这样就不会再轻易为孩子的叛逆行为而焦虑了。

三、资源竞争引起父母心理恐慌

现在很多文章都在讨论教育焦虑，如教育资源的有限导致了阶层固化的问题，但这些其实都是比较片面的观点。

中国从20世纪70年代恢复高考，成了教育回报率最高的国家之一，我们这代人很多都是来自农村或者小城市，通过努力学习考上大学后改变命运。我出生在西北的农场，家里有5个孩子，父母没有读过书，但非常重视我们的教育，为了让我们可以读到高中，父亲想尽办法把家搬到了离县城2公里的地方，这样我们就可以骑自行车去城里读书。我们的父母对孩子读书的期待就是可以不用再辛苦地劳动，能够靠脑力吃饭。

但现在对教育回报的期望值随着父母起点的增高变得越来越高。我们这一代人因为享受到了教育带来的极大红利，所以格外重视孩子的教育——孩子至少要比我们上更好的大学，找到更好的工作，过更好的生活。从我们成长的经历来看，我们很容易觉得这是理所应当的，这些目标看上去应该也不难实现，可是冷静下来却发现，我们通过教育实现的收益在孩子们这里不一定能实现。比如，清华、北大毕业的家长希望孩子也考上清华、北大，这其实是非常不现实的事情。每年从清华、北大毕业的学生有2万人，留在北京的大约1万人，如果父母都是清华北大毕业，每年生的孩子是5000个，但是每年清华北大在北京只招大约500个学生，所以如果你的孩子在这些孩子里不能排在前10%，那就很难考上清华、北大了。从这个数据可以看出来，父母对孩子的期望值必须从孩子本身出发。

几十年里，中国经济和社会发展的速度实在是太快了，教育本身的功能，已经逐渐从改变命运的投资功能，转移到提高素养、满足兴趣需求的消费功能了。我们对教育的期望应该回到我们父母最朴实的期望，即孩子通过受教育可以找到一份工作，养活自己。当然我们还可以增加一些我们的期待，就是让孩子干的工作是自己喜欢的，他们可以从创造社会价值中感受到幸福和快乐。当家长真正放下执念，和孩子一起享受教育和成长的过程时，反而有可能让孩子在求学的路上取得更大的成就。社会多元化，干什么都有可能成功，不一定要挤在读书这一条路上的。

> 父母必须顺势而为，帮助和指导孩子找到属于自己的最大空间、最有可能的发展方向，而不是因为自己无谓的焦虑，增加孩子的心理负担，最后孩子也没学出来，亲子关系又非常糟糕，鸡飞蛋打，一无所获。

四、教育焦虑凸显叛逆行为

我在孩子读中学的时候最害怕去开家长会，因为每次开家长会的时候，老师都会在孩子的桌子上放一张小纸条，纸条上有一个非常简单的柱状图，中间的横线是平均水平，竖线是每个学科的名字。如果孩子某一科的成绩在平均分以上，竖线就会在横线以上，往上越长，表示成绩越好；如果成绩在平均分以下，竖线就在横线之下，成绩越差，竖线往下得也就越长。一个画着简单图形的纸条，每次打开之前都会让人心惊肉跳，如果横线下面什么都没有，才能长出一口气。偶尔横线下面出现竖线，自己心里就会七上八下。除了这个图，老师还会念一遍总分前十的孩子的名单，以及每一科分数前十的孩子的名单。在家长会上，虽然不会公布每一个孩子的成绩，只表扬成绩好的孩子，可是两个小时里，始终听不到自己孩子名字的家长还是会如坐针毡。用现在时髦的网络语言来表达就是："攻击性不强，但侮辱性极大。"小小柱状图中的横线（平均分数线）成了家长心里深刻的痛苦来源。在时不时遭受类似"暴击"的情况下，如果孩子还出现任何不顺从父母意愿的行为，自然就很容易被窝火的父母扣上"叛逆"的大帽子。

五、孩子的"空心病"让家长充满无力感

孩子知道他在为谁学习吗？这是一个极为常见的问题。我们对孩子的教育付出，好似要求孩子回报的只有分数，除了分数以外，孩子可能不知道还有什么是有意义的。当有一天分数变得没有意义的时候，孩子就会完全失去动力。而面对一个失去动力的孩子，父母可能更多地也会感到无能为力吧。一个失去动力的孩子的所作所为，可能分分钟就能引爆父母心中的"雷区"。

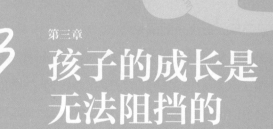

03
第三章

孩子的成长是
无法阻挡的

一、找到孩子真正的起跑线

无论是植物还是动物，只要是生命，就会顽强地生长。婴儿虽然弱小，但只要养育人给予食物和水，他就会坚强地成长，无论能不能获得更多的营养，他们几乎都能长大。所以父母只要给予食物、爱和保护，孩子就能够自然地成长，这就是自然养育法。不用过多的教育，不用各种各样的早教课程，自然长大才是孩子最简单、最快乐的成长方式。

现代科学也对人类大脑进行了深入的研究，结果显示0～6岁是孩子大脑发育最快速的时期；另一个关键时期是12～18岁，这个时期孩子的大脑已经接近成年人。所以从科学的角度，市面上也发展出了很多幼儿大脑开发类的课程，比如感统训练课、音乐韵律课、思维开发课等。还有很多著名的幼儿成长体系，比如蒙台梭利法、华德福法等。

无论是自然养育法，还是蒙台梭利法，以及一些其他的养育方法，对父母来说都需要系统地去了解和学习。对于没有时间和精力去学习和尝试的父母，至少要满足孩子最基础的需求。我这里所说的基础需求除了食物、水，以及健康生长需要的其他物质，最关键的还要有父母的爱、拥抱和陪伴。这些就可以让孩子健康快乐地长大。当然更多的父母已经不满足于孩子健康快乐地长大，他们想要孩子未来在社会中更有竞争力，能过上更好的生活。他们会给予孩子更多的教育资源。比如带孩子参与益智类游戏，给孩子讲故事，带孩子参加集体活动，带孩子去旅游、参观博物馆、听音乐会等，这些对孩子大脑的发展、社会能力的发展都会起到十分重要的作用。而这些活动只要不是父母强迫孩子参加的，同时又是由父母陪伴进行的，我认为对孩子的成长都是有百利而无一害的。

在陪伴的过程中父母最容易发现孩子与众不同的特点，积极学习的父母会自然而然地根据孩子的不同特点制定个性化的成长方案，比如每个孩子都有自己独特的学习方法，更爱读书还是更爱听故事，更爱安静地画画还是更爱动手实践，更爱与人交往还是喜欢一个人拼装乐高玩具。这些发现才是孩子真正的起跑线，父母了解孩子成长的需求、独一无二的成长方式，及时给予支持和鼓励，孩子会从自己的起跑线出发，成长为最好的自己。

二、孩子的成长离不开父母的持续成长

"父母之爱子，则为之计深远""儿孙自有儿孙福"，这都是我们听过的祖辈的育儿观。这两句话看上去是矛盾的，第一句是说爱孩子就要为他们做长久的打算，而第二句则是说孩子有自己的命运和成长方式，父母能起到的作用是有限的。但中国的父母是不会轻易在孩子很小的时候就认命的，总是要努力过才会甘心。可是最让人不甘心的是，同样辞了职带孩子，同样花了钱报课外班，为什么自己的孩子就是学不好，别人家的孩子就样样精通呢？这是因为，同样是教育，却分好坏。

好的教育是自然养育，在爱护和陪伴的同时，父母还能积极寻找适合自己孩子的学习方法、成长方式，给予有效的支持和陪伴。坏的教育是父母不理解孩子的性格特点、成长需求，过度教育或者过度保护，就好像是过度地施肥浇水会破坏植物生长，这样做孩子反而容易处处表现出不开心、不舒服、不听话，这就是我们通常所说的叛逆。

好的教育，可以让孩子自然生长，同时根据孩子的个性匹配适合的方法和资源支持。爱的滋养是水分，支持和激励是阳光，成长是自我需求，要顺势而为；孩子的缺点和短处就像是黑暗，黑暗无法移走或消除，但可以投以阳光去照亮它。坏的教育是无效的教育，如果方法不对，会伤害孩子自身成长的力量。孩子要用更多的能量来应对家长的要求，完成家长的期望，如果反抗，

很可能会被打骂、被忽视、被放弃，所以孩子很可能连自然成长都不能顺利完成；过度宠爱也是一种坏的教育，这样会使孩子失去最原始的独立生存的能力，将很难成人。

所以如果让我们从养育孩子的能力方面给父母打分的话，父母可以分为：A+父母——优秀的父母；B+父母——良好的父母；C+父母——及格的父母。这几类父母会养育出几种不同类型的孩子：

A+父母首先会培养孩子最基本的独立生存能力，按照孩子的特点给予支持，让孩子成长为可以创造出社会基本价值的人。父母随着孩子的成长会进行反思学习，实现自我成长，进一步激励孩子，让孩子的精神世界更丰富、大脑更富创造力、能力更强大，最终成长为可以为社会创造最大价值的个体。他们的目标是培养出加速人类科技的发展，健全社会的文明与法律，创造出更多的惊喜和变化的孩子。

B+父母可以培养孩子最基本的独立生存能力，按照孩子的特点给予支持，让孩子成长为可以创造出社会基本价值的人。

C+父母不过度干涉，也不过度管理，可以培养出孩子基本的独立生存能力。

家庭教育源于亲情，源于爱。成为父母的那一刻，父母很大一部分的焦虑、关心都围绕着孩子展开，无论爱得正确与否，绝大多数父母都会拼尽全力。可是对于孩子来说，他们却是在被动地接受父母给出的这份爱。如何爱、如何陪伴才能让孩子健康成长其实是门大学问，从成为父母的那一天起我们就要积极学习、努力成长，陪伴孩子成长的过程一定是既快乐又苦恼的。所以父母既要学会享受和孩子共同成长的乐趣，也要做好终身学习的准备。

亲子间的陪伴其实是一门有关遗憾的艺术。虽然说陪伴都有遗憾，但如何减少不必要的遗憾，如何让孩子的成长少走弯路，是父母要不断思考的问题。父母一定要相信，全情投入、养育孩子、陪伴成长是自我成长的捷径。因为在这个看似漫长的过程中，父母将读到教育界最高格局的著作，这些书将会启发父母的智慧；父母将遇到更高格局的教育导师，他们除了引导孩子外，也有机会成为父母的良师益友。所以，和孩子共同成长是父母的第二个人生阶段。家庭教育原本是一件极为朴素的事情，一个有爱心的家庭教会孩子的是如何去爱别人，一对勤奋的父母教会孩子的大概率是没有随随便便的成功。不比较、不模仿、不焦虑，父母要用自己的智慧带领孩子走向属于他们的成长道路。

三、父母要识别孩子成长的需求

30年前我们在自我奋斗中，努力考大学，努力工作，买房买车，实现财富的最大化。一眨眼，孩子长大了，我们不再缺吃少穿，不再交不起学费，我们下定决心要让孩子过上更加幸福的生活，但是我们大多数人都还没来得及思考幸福的意义。

　　我们希望孩子按照我们长大的路径成长，其实现在的教育资源比我们那时候更加丰富，可是我们却只想把最好的给自己的孩子，如重点学校、高学历的老师、最时尚的育儿方法。争抢欲很容易让我们陷入最低维度的竞争和抢夺大战中，我们来不及思考抢到的资源适不适合自己的孩子，无论是用金钱还是权力，抢到了我们就会沾沾自喜，急急忙忙地用于孩子，因而现代父母被认为是最辛苦的一代父母。

　　经过了奋战和抢夺，如果孩子使用后没有效果，父母几乎都会极度失望。父母付出巨大的努力却得不到回报，会直接导致亲子关系的紧张。这是掌握了教育资源，有竞争力，可惜却不懂孩子的父母常遇到的困境。他们大多数是控制型父母，在孩子面前表现出的是强势、逼迫和掌控，孩子从父母身上感受到的是压迫、束缚和无力感。

　　另一类是自身没有价值感和成就感的父母，他们没有过多的金钱和权力，没有社会竞争力，没法为孩子抢夺教育资源，如果孩子学习不好，这类父母就会陷入深深的内疚和自责当中。因为自己的无能，没有为孩子请到更好的老师，没有让孩子读到更好的学校，始终觉得对不起孩子。这类父母把养育孩子的精力用到了努力抢夺中，反而消耗了自己爱孩子的基本能量。他们表现出的可能是内心愤懑，情绪不稳定，抱怨社会，抱怨不公。孩子从父母身上感受到的也会是压力、怨恨和自卑。

让一些父母感到不平衡的是，那些有资源、有竞争力的父母，费尽周折才让孩子上了重点中学，却不一定能考上重点大学；可是一些最最普通的农民的孩子却通过自己的努力考上了清华北大。那些妈妈辞职在家全身心陪伴孩子学习，周末报满了课外班的孩子，整天抱怨生活无趣、学习无聊；可还是有一些孩子，一个课外班也没上，成绩却在班级里遥遥领先。

父母抢夺教育资源的动力是为了让孩子受到更好的教育，过上比自己更好的生活，父母希望为孩子创造一个最安全的未来。可到最后却发现不但期望没有达到，孩子也没有得到快乐的成长，父母和孩子的交流除了学习没有其他的话题，亲子关系也降到冰点。

随着教育问题越来越突出、越来越明显，一些父母开始反思教育的目的和意义到底是什么，开始思考抢夺教育资源的意义究竟在哪里。当开始思考孩子的成长究竟需要什么样的内容时，正确的教育意识才开始被唤醒，此刻，让我们回到养育的原点吧。

孩子的成长首先需要的是最基础的养育，需要的是父母的爱和陪伴。父母情绪稳定、愉悦，才能给孩子带来安全感和富足感。在基础养育的基础上，父母在陪伴孩子的过程中要擅于发现孩子的独特之处，积极地给予支持；当孩子遇到困难和需要支持时，要主动地给予引导和反馈。无论父母在物质和资源方面是不是很富足，只要尽力而为就可以，不用费尽心力去争去抢，这样反而会带来不必要的焦虑和内疚，反而会损伤基础养育的元气。

四、价值感是孩子成长中的有机肥

正如本书序言里所说的，父母应该做孩子最好的园丁。作为园丁，我们首先要思考的是孩子的成长需要什么样的肥料。我们要能够辨别哪些是孩子成长的真实需求。在养育孩子的过程中，我们除了要满足孩子的需求，还要设定规则和边界。需求被满足的孩子当然是开心的、满意的，可是规则和边界一定会给孩子带来不适甚至是反抗，即使是一开始就制定好的规则，要想顺利实施还是会遇到各种各样的困难。要想让设定的规则顺利执行，必须要有一个好的亲子关系。

在好的亲子关系中，孩子会相信父母；遇到困难或失败时，孩子敢于向父母倾诉，敢于向父母求助；父母会接纳孩子的失败，鼓励孩子自己寻找解决问题的方法，敢于放手让孩子去尝试，而不会立即评价孩子，不会立即告诉孩子如何去做。当孩子再次失败时，父母不会嘲笑孩子，而是会积极地支持，和他们共同寻找解决问题的办法，在过程中引导孩子思考和学习，培养孩子独立生存的能力。

而在不好的亲子关系中，当孩子遇到困难和失败时，父母经常会第一时间评价孩子。可能会说"你为什么这么笨呢？""我早就说过让你不要那么做，谁让你不听我的话"，听到这样的声音，孩子内心当然会开始对抗"你们根本就不理解我""我为什么要听你的""我怎么知道你是为我好""我不喜欢你告诉我的方式，我就不按你说的做"。父母面对孩子的对抗，可能采取的方式就是嘲笑、威胁、强迫，甚至是打骂；而孩子很难再去相信父母，在他们年龄还小、无力反抗的时候，他们只能忍耐、躲避或者无视。当下一次再遇到困难和失败时，他们可能就会选择撒谎和逃避。有些孩子可能会努力自我尝试解决问题，可他们毕竟是孩子，能力还十分有限，失败之后很容易选择放弃。因为得不到理解和支持，时间久了，孩子就会极度地没有安全感，他们开始不相信自己，开始自卑，对自己的评价也越来越接近父母的评价，发出"我很笨""我不行""我没有能力""我是一个普通的孩子""我接受自己的平庸，就这样吧"的声音。

两种不同的亲子关系会造就两种不同的成长结果。亲子关系好的，孩子会在安全的、舒适的环境中长大，父母会主动去学习、去成长，他们理解孩子情绪和行为背后的需求，这样的孩子是很少会叛逆的，因为孩子有清晰的自我认知，他的存在和成长是有价值的，他们相信自己未来也能够为社会创造价值。

而亲子关系不好的，父母只关注自己对孩子的期待，看不到孩子成长的需求，孩子因为得不到有效的关注和爱，没有安全感，他们在压力大和焦虑的时候，表现出的就会是消极情绪和对抗。他们因为得不到回应和理解，所以选择不表达、不求助，忽视父母的要求和忠告。

到了青春期，随着孩子身体的成长和自我意识的觉醒，随着大脑极速发育，他们开始有能力和父母对抗，当父母再想动手打孩子时，他们很可能会抓住父母的手。到了这个时刻，父母无论用什么方法都支持不到孩子、帮助不到孩子了，虽然他们还是不甘心，还是想表达对孩子的爱，可是此时必然会充满深深的无力感。尝试的次数多了，父母可能就会选择无奈地接受，开始进入半放弃状态："就这样吧，我已经尽力了。"在这种关系中成长的孩子，很可能会把自己真实的想法和能力隐藏起来，他们表面上装作很强大，不在乎老师和家长的批评，不在乎考试成绩是不是到了及格线。因为他们内心的声音是："我知道我很差，我对你们来说根本不重要，我的存在是没有价值的，我未来也考不上好的大学，找不到好的工作，我对这个世界都是没有价值的。"

如果父母是好的园丁，他们就会用正确的方式养育孩子，他们会让爱包围着孩子，会时刻关注孩子的情绪和需求，会让孩子感受到理解和支持，会把价值感赋予孩子，因为价值感是孩子成长中最重要的养料。

五、幸福力是孩子成长的终点站

"不能让孩子输在起跑线上"这句话已经是家喻户晓的教育

金句了。这句话十年前被家长奉为家庭教育的圣旨，绝大多数父母争抢教育资源，都生怕耽误了孩子；而现在这句话却受到了各种抨击和诟病，起跑线变成了教育资源恶性竞争的导火索和出气筒。而我认为起跑线其实是没有罪过的，它只是替不良竞争背了锅。孩子从出生到成长确实是从起点到终点的一个过程，只是我们过去的教育找错了起跑线。真正的起跑线应该是孩子个性化成长的需求，也就是我们一直提倡的因材施教。父母要学会找到孩子的成长特点、兴趣方向，积极给予有效的支持（关于如何找到孩子的兴趣和特点，我在后面的章节里会做详尽的阐述）。真正考验父母的不是抢到了多好的学区房、多好的名师、多好的学习环境，而是发现孩子的特点，让他以最适合的方式在最适合的环境里舒适地成长，这样才能让孩子长成参天大树。

父母除了要给予孩子温暖和有效的支持，更重要的是要理解教育的最终目的在哪里，我认为孩子成长的目的是让他们能够具备感知幸福的能力。

快乐养育追求的是孩子无压力成长，这是现在很多父母追求和推崇的教育方式。可是无论家庭多么富足，都无法用金钱满足孩子成长的所有需要，就算孩子什么都不用做就能拥有一切，他们也未必会感到幸福和快乐。因为具备独立生存能力，为社会创造价值，才是人类成长的核心需求。人的快乐并不只是物质富足就可以带来的，当物质需求被极大地满足后，人的生活动力和快乐来源就会转向精神上的满足。现在青年人中有种流行的说法叫"躺平"，当孩子的物质生活被极大地满足后，他们不知道自己努力的意义是什么，大量的年轻人会失去努力的动力。有人说，无论我怎么努力都没法超越我的父母；有人说，无论我怎么努力都买不起一套房子；还有很多的网络热词叫作"爱马仕自由""宝马自由"。当社会的评价体系以拥有的物质资源为衡量标准的时候，孩子的目标就被锁定在了金钱、房子和汽车上，如果只有拥有了极富足的物质条件的人才能被定义为成功，成功的人才能感觉到被尊重、才能感觉到有价值、才能感觉到幸福的话，那么这个世界上大多数人就是不成功的、没有价值的、不幸福的了。

　　无论贫穷富贵，其实每一个人都有感知幸福的权利，父母要教给孩子的是感知幸福的能力。越是到了衣食无忧的时代，越是社会文明进步最大的时代，越来越多的人才开始有时间思考和感受更高维度的快乐，比如研究和发展科技、艺术、文化，这些都是精神成长的需求。父母要陪着孩子寻找自己擅长的能力，帮助他们找到目标和动力，寻找机会让孩子体会为他人付出所带来的价值感和成就感。

04

第四章

转变观念，
做孩子成长
的助推器

每一位父母在做父母的路上都在努力成长，我们开始有意识地学习家庭教育。众多的家庭教育书籍或课程，都教父母要无条件地爱孩子，无条件地接纳孩子。这些教育观念说起来容易做起来却很难，因为父母除了要面对孩子，还要面对社会对孩子的评价，要面对老师，面对朋友，面对孩子同学的家长，然而面子问题并不是那么容易就能放下和解决的。但是父母在遇到孩子的教育问题时，如果能够接受事实，转变观念，在孩子成长的过程中，很多问题就会只是当下的一个小问题。下面我们来做一个小测试，看看在我们遇到比较棘手的教育问题时如何才能接纳事实，转变观念吧。

测试题目：如果你的孩子考了倒数第一，你会怎么办？

让我们来分步考虑一下这个问题。

第一步：对于孩子来说你是谁？

你是老师还是父母（妈妈/爸爸）？

第二步：如何对待孩子当下的情绪？

老师：各科老师会帮助全班学生分析试卷，做学习计划；

妈妈/爸爸：接纳孩子的排名，分析学习现状，分析优势科目，做整体学业计划。

第三步：成绩没有提高。

老师：鼓励孩子再次尝试，但内心又可能会开始给孩子贴标签；

妈妈/爸爸：无条件接纳孩子，鼓励孩子再次尝试，教孩子学习方法，观察孩子的学习状态。

第四步：学习依然没有进步。

老师：可能会基本放弃孩子的学习成绩（不是绝对的）；

妈妈/爸爸：无条件接纳孩子，尝试从孩子的其他爱好和特点出发，增加孩子的自信。

通过这个测试我们发现，无论孩子的成绩如何，父母唯一的角色定位只能是妈妈/爸爸。孩子无论是第几名，我们都只能从当下开始，接纳事实，转变观念，陪孩子一起努力成长。比起名列前茅的孩子，成绩有待提高的孩子更需要爱护、信任、关心和支持。

一、放下抱怨，爱子有方

在看电视剧《亲爱的自己》时，故事里的妈妈为了女儿能上一所好一点的幼儿园，无数次地忍受屈辱，每一次给自己打气时都会说："为了雨薇的幼儿园！"这就是最简单的动力，我们总以为只有父母会这样做，其实孩子也会。但是，如果他没有被爱，没有被需要，他会觉得自己毫无价值。有人说这样的孩子玻璃心，其实没有那么复杂，孩子放弃自己，就是因为觉得自己没价值，对生活毫无掌控感，所以才失去了生活的动力。

我之前在视频号里说为什么不能打孩子，我最痛恨的管教方法就是打孩子，而有家长在评论里说："孩子犯了错就应该惩罚。"过了几天我又发视频号解释说"惩罚也是要提前设定好规则的"，解释了惩罚和打骂的区别。可大多数家长都是在用打骂发泄自己的情绪，所以孩子也没有学会如何控制自己的情绪，之后悲剧就有可能会发生。遇到教育问题时，父母最喜欢说的是"那你告诉我怎么做"，我永远只会说"先学会爱孩子"，所有的教育都和爱有关。

我们把孩子比作种子、比作花朵、比作朝阳、比作旭日，而今天很多孩子上学读书之后，却很少能感觉到幸福、感觉到快乐，是因为他们对自己的生活没有选择权、没有发言权，时间久了就觉得了无生趣了。要改变亲子关系，让教育在家庭中有所作用，我觉得做父母需要有三个逐级进阶的价值观：

第一个阶段是父母观，也可以叫养育观。这是作为父母基本的责任和义务，这个阶段只负责孩子身体的健康成长，因为当父母的认知没有达到一定的水平时，所谓的管教反而是有害的。这里的父母也包括养父母、继父母。

第二个阶段是教育观。这个阶段父母先要问自己，我是怎么长大的，我对自己成长的过程满意吗，什么事情让我觉得幸福，什么时候我开始有梦想，我如何把自己成长中最有益的传达给孩子，如何让他也感到幸福。如果说你觉得孩子就是你的梦想，那你希望你的梦想生长成什么样子呢？然后你要思考的是如何让梦想一步一步去实现。实现梦想的过程一定不会一帆风顺，可是在这样的教育观的指引下，当遇到困难的选择时，父母会把孩子的感受放在第一位，幸福观会不断地校正父母的教育方法。有了这样的教育观，孩子就不会再有悲剧的人生体会。

第三个阶段是成长观。父母从孩子的角度主动学习，主动成长。把孩子长大的这十几年当作人生中一次全新的体验和挑战。认真学习和思考孩子每一个阶段的不同，仔细观察孩子细微的需求和变化，体会孩子情绪的波澜起伏，用全心全意的爱陪伴孩子长大。成长观要求父母了解自己孩子的独特需求，了解如何挖掘孩子的天赋才能，了解世界教育的发展变化。成长型父母要有强大的教育价值观，要有和自己孩子匹配的成长规划，跟随自己孩子的节奏和脚步，不会人云亦云，不会着急比较，不会盲目焦虑。

尽管父母育儿观的正确不能保证孩子一定有多么辉煌璀璨的未来，但至少不会让孩子觉得自己毫无价值、生无可恋。无论父母在养育观、教育观、成长观的哪一个阶段，都要确定好自己的能力和职责，最好不过多地提要求、反复地作比较、无端地制造焦虑。

我相信每一位父母都是爱孩子的，这些年我面对过无数父母来做咨询，很多父母都觉得是自己耽误了孩子，孩子学习成绩不好都是因为自己陪伴得不够、方法不对，话语中充满了自责。其实父母也是不完美的，我们首先要接受自己的不完美。面对自责的父母，我每次都会说，你能坚持学习，能主动找到我来咨询就是好父母的表现了。只不过从现在起我们不是只学习如何提高孩子的成绩，首要的任务是学会爱孩子的方法。

我有一个非常要好的朋友，至今我还记得第一次见到她时，尽管她当时已经是30多岁的年纪，但依然漂亮、时尚、充满朝气。现在孩子10岁了，因为孩子学习成绩中等，不爱和她交流，我们每次见面时她都无比焦虑，她自己身材也发胖，已经有了很多白头发，和我记忆中的那位美女完全对不上号了。她执着于让我给孩子做学业规划，找补习老师。从她的描述中可以看出，孩子对她无时无刻的唠叨已经开始反抗，关起房门不和她对话，我知道现在这个时候补习老师根本起不了作用。我建议她开始关注自己的成长，首先要开始锻炼，找到一两件自己热爱的事，做美容，练瑜伽，看看教育的书籍，找回过去那个自信的自己。我说："你的自信和精神气就是孩子最好的榜样，父母才是孩子最好的老师。从今天起见到孩子先不要谈成绩、催作业，和孩子聊聊他热爱的足球、篮球，聊聊你听过的书里的故事，不要再逼孩子去读《史记》，陪孩子读一读《米小圈上学记》，和孩子一起做一回孩子该做的事。"

很多父母都因为错误的爱孩子的方式被生活困住，尤其是全职妈妈，可能会因为孩子学习不好，被老公评价为不会教育孩子、没价值、对家庭没作用。于是她们开始自责、开始内疚、开始不自信，为了证明自己有价值，把所有的时间和精力全部用在了孩子的学习上，陪孩子上课外班，陪孩子做作业，讨好老师，维护家长圈，生怕错过了哪一个好的课外班和学习机会。妈妈们不是不爱孩子，而是用错了劲儿，使错了力。父母的自我成长，不是围着孩子转圈，而是要了解孩子的成长规律，找到孩子的能力范围，不是别人的孩子做什么，自己的孩子就要怎么学，要从孩子本身出发，做自己孩子的教练和导师。要记住合格父母的第一个层次是爱孩子，有效地陪伴孩子。只有爱自己，才可能变成一个自信强大的优秀教练。

二、感恩孩子

福建一个名叫朱尔的三年级学生，写了一首小诗《挑妈妈》，爆红网络。

你问我出生前在做什么，

我答：

我在天上挑妈妈，

看见你了，

觉得你特别好，

想做你的孩子。

又觉得自己可能没那个运气，

没想到，

第二天一早，

我已经在你肚子里。

每个孩子曾经都是天使，他们曾认认真真地挑选妈妈。

他们挑中了你，然后丢掉天上无数的珍宝，光着身子，像个一无所有的小乞丐一样来到你身边。

这样的一首小诗，感动了无数的父母。孩子就像天上的星星，可爱地眨着忽闪的双眼，选中了自己的父母，他们来到了这个世界时，充满了忐忑，充满了不安，所以他们用第一声啼哭呼唤父母的关注、父母的爱。父母是孩子的守护神，要喂养婴儿，教他们技能，教他们学习。孩子的依赖让父母有了责任、有了牵挂，新的爱的能力被解锁。

很多父母都说，不希望孩子长大，因为孩子小时候天真、可爱，吃饱喝足、开心玩耍就够了。长大了要学习，要考试，自己又不努力，实在是太累人了，会有"学习好的孩子是来报恩的，学习不好的孩子是来讨债的"的想法。其实随着孩子年龄的增长，他们成长的需求也变得越来越多，而父母在社会的评价体系中如果只关注孩子的学习，不了解孩子每一个阶段发展的规律和过程，没有给予足够的理解和支持，反而不利于孩子成长。

在找我做咨询的家长中，有很多都是喋喋不休地讲孩子缺点的父母，这些父母的眼里只有一个理想孩子的样子。在一本名为《终身成长》的书里，作者讲了一个17岁男孩的故事："我父亲脑海中一直有一个理想儿子的形象，每当他拿这个理想形象和我作对比时，他就会感到非常失望，我达不到我父亲梦想中的标准，我小时候就感受到了他的失望，他尽力去掩饰这种失望，他的情绪还是通过语气、措辞和沉默表现了出来。这让我产生了永久性的挫败感。"面对那些总是觉得孩子不够好，让他们感到失望的父母，我也常常充满了挫败感。

我曾经遇到过两个刚升入初中的孩子，他们的思考深度和学习能力让我非常吃惊，在入学一个月后他们能准确地分析出小学的学习难度和中学有什么不同，自己应该在各学科之间如何平衡，总结出了自己的学习方法。而这两个孩子的父母，在家庭教育中都是积极认同孩子、充分信任孩子的，其中一位爸爸每天和儿子都有卧谈的时间。下面是我和这位父亲的微信对话：

> 父亲："孩子回来高兴地给我讲了一个半小时，他对各学科的观察和小学的不同，他对各科学习都有打算、有思考、有目标、有措施、有方法。行了，他自己有动力，能自驱。"
>
> 我："真替你高兴，所有的付出一定会有回报。有好的养育，孩子就是来报恩的。"
>
> 父亲："有个好孩子，是做父母的福报，心怀感恩，担当责任。"
>
> 我："我也是特别感恩和珍惜孩子，所以就更愿意为了他去学习。"

这些故事，让我对家庭教育充满了信心和期待。感恩孩子，好的父母就是孩子的加油站。

三、悦纳孩子

很多人都在讲父母对孩子的爱应该是无条件的，这个道理听上去简单，做起来却相当不容易。因为生活中，父母很难单纯地做一个爱孩子的个体，在社会评价体系中，父母很容易陷入相互比较的误区。我们来做一个最简单的对比。

有条件的爱：

1.因为孩子健康，父母爱孩子；

2.因为孩子漂亮，父母爱孩子；

3.因为孩子聪明，父母爱孩子；

4.因为孩子听话，父母爱孩子；

5.因为孩子学习好，父母爱孩子。

无条件的爱：

1.孩子身体残疾，父母依然爱他；

2.孩子个子矮，父母依然爱他；

3.孩子3岁才会说话，父母依然爱他；

4.孩子喜欢按自己的想法做事，父母依然爱他；

5.孩子学习成绩差，父母依然爱他。

像这样的比较还能列出很多条，为什么这么简单的对比要花时间来探讨呢？因为在列上面这些对比的内容时，我们发现在写有条件的爱时，通常用到的词语是健康、漂亮、聪明、听话等，这些都是外部对孩子的评价；而在列无条件的爱时，就必须写出孩子具体的问题，比如身体残疾、个子矮、3岁才会说话、按自己的想法做事、学习成绩倒数，这些是孩子非常具体的表现和行为，这样的表现和行为还有无数种。我们发现父母对孩子有条件的爱都是为了满足社会的评价体系，父母天生就是爱孩子的，如果内心能抛开社会的评价体系，爱孩子就会变成自然而然的事情。就像我在第二章讲过的，现代教育中，自然生长和佛系养育也是存在很多风险的，最好的养育还是要有方法的。

在教育方法中，六A原则是表达无条件的爱的十分清晰的一种解释。六A原则是六个以字母A为首字母的词语的简称，这六个词分别是：接纳（Acceptance）、赞赏（Appreciation）、关爱（Affection）、时间（Availability）、责任（Accountability）、权威（Authority）。

家庭教育就像一座房子，接纳是地基，赞赏是地面，关爱和时间就是两堵墙，代表向孩子传达接纳和赞赏的方式，只有以爱为基础，责任和权威才能成为横梁和屋顶，才能真正地起到约束的作用。

英语中有句谚语叫作"如果你站在我的鞋子里"，意思是可以设身处地、感同身受地为对方着想。父母对孩子做到不加评判地认同，才是真正意义上的倾听。倾听的窍门是快快地听，慢慢地说。

父母是因为孩子做出的成绩才爱他，还是仅仅因为他是你的孩子，哪怕他在别人的眼里碌碌无为、普普通通、一无是处，但是你依然爱他、信任他、支持他、帮助他。在孩子的生命中，只有生活中重要的人无条件地接纳他，才能让他感知真正的爱，孩子才能学会接纳自己。

赞赏是家庭教育的地面，它是接纳的下一步。大家有没有这样的经历，当我们忙着工作的时候，如果孩子说"妈妈，我考了全班第一"，你可能会说"真的吗？你简直太棒了"；而如果孩子说"妈妈，老师明天请你到学校去一趟"，你无论当时的工作多重要，都会立即停下来问孩子"你又做什么坏事了？"你看，是孩子的优秀能引起你的注意，还是孩子犯了错更能得到你的关注呢？孩子会不会觉得犯了错妈妈反而会更关心我呢？赞赏的正确做法应该是放大和关注优点，即便是错误也要用正向的语言去纠正。

拥抱可以产生令人震撼的力量，你有多久没有拥抱和亲吻过你的孩子了？并不是只有小孩子才需要妈妈的亲密接触，青春期的孩子更需要父母的拥抱和关爱。拥抱可以加强孩子的安全感，青春期的孩子对外界的情绪和环境都十分地敏感，容易缺乏安全感，父母通过肌肤之间的接触能够刺激孩子的感知神经，促进孩子的大脑发育。当孩子内心被某些负面情绪困扰时，父母的拥抱可以消除孩子心里的不安全感和恐惧感，给孩子一个良好的心理

暗示，让孩子能够在被家长拥抱的过程中感受到安全。拥抱可以让孩子感觉到被爱，让他更加自信。在孩子犯错误被教育后，一定要记得给孩子一个大大的拥抱，说明你可以接受他的不完美，也可以接受他的错误。

父母愿意花多少时间陪伴孩子是家庭教育成败的关键，我们总是用工作挤占陪伴孩子的时间，而我们却没有意识到工作是永远做不完的，而孩子的幼儿时光却会转瞬即逝。我们要花时间陪伴孩子的目的是告诉孩子：宝贝，你对我来说非常重要！

父母是否有责任感是孩子是否有责任感的基础。在家庭规则中孩子和父母是互相监督的关系，监督父母的过程让孩子学会承担责任。当然互相监督也能让父母体会到被监督的不舒服，进而能理解孩子的感受，逐渐摸索出你们最舒服的相处模式。父母的责任心和榜样的力量能让管教真正触及孩子的内心，管教才能起到效果。所以每个父母都要努力成为孩子的榜样和英雄。

四、成为孩子的榜样

我做家庭教育分享的目的是希望爱学习、爱孩子的父母能通过读书、学习，成为自己孩子的教育专家。陪伴长大是个既费心思又快乐的过程，希望父母们都能真正享受陪伴孩子长大的幸福。除了那些育儿书，父母们更要读一些具有教育格局的书，然后以终为始，以自己的孩子为中心，边学习、边观察、边改进。

比如我发现我的孩子喜欢科技，我就会迅速买一些科技前沿的书来读，这些书也许我没法全部读懂，但至少明白了科学技术大的发展趋势，这样有利于我为孩子寻找科技方面的导师，根据孩子的兴趣引导孩子寻找学科方向。

大家经常问你怎么能找到匹配孩子的资源，你怎么能找到适合孩子的导师。其实我就是把握住了两大关键，一是敏感地捕捉孩子喜欢什么，二是什么是孩子喜欢的学科领域的最前沿，然后循着这个方向去找。当然我因为一直积极分享，在教育领域结识了很多和自己教育格局相似的老师和家长，所以更容易找到匹配的资源。另外，因为我提前进行了学习，对这些领域大致有了一些了解，所以比较信任自己选择的老师，就会放心地把孩子交给老师。因为这份信任，老师就不需要花时间和我解释教给孩子的内容，就可以最大化地把时间用在孩子身上，如果老师觉得孩子需要更好的资源，也会积极推荐给我。因为信任，我不会担心老师是在推销课程，老师在自己的领域是专业的，我请专业的人做专业的事，这就形成了一个良性循环。

另外，父母得重视对孩子思维方式的引导，越早形成积极的思维模式越不容易焦虑，前期对孩子进行正确引导，有利于孩子学会正确的思维方式和解决问题的方法。

孩子小的时候都是通过模仿来学习的，父母是孩子最先模仿的对象，之后就是孩子身边的人和头脑里的人。以父母和身边的人为模仿对象这个不难理解，但什么样的人是孩子头脑里的人呢？其实就是故事里的人、电影里的英雄等，这些人一旦成为孩子的榜样，孩子的思维方式和行为习惯都会向榜样靠近。家长从小可以帮助孩子选择榜样，和他们一起看英雄的电影，告诉他们英雄虽然都有着超越常人的能力，但他们同时也背负了拯救人类的使命和责任，没有什么超能力是不用付出努力就能实现的。

等孩子大一些的时候，我会经常给他讲我心中的一些榜样，随着我们讨论的深入，我会和他一起读《林肯传》《乔布斯传》《富兰克林传》，然后一起讨论，有时候也把这些人物的思维方式、学习方式用在我们自己的生活和学习中，比如富兰克林对自己要求的13种美德等。虽然这些对于孩子甚至是我自己都很难全部做到，但这些点点滴滴的输入和影响就是孩子正向思维模式搭建的开始。还可以和孩子一起读一些青少年的哲学书，比如《希腊神话》《写给孩子们的哲学启蒙书》《苏菲的世界》等，引导孩子产生自我思考，比如我常说的"我是谁？我从哪里来？我有哪些能力？我要如何提升这些能力？我能为周围的人做什么？我能为世界做什么？"

我们这里讨论要培养的有用人才，是从学识上具备了核心能力，同时精神上也要积极为社会、为世界做出贡献的后浪们。我发现孩子一旦养成正向的思维习惯、拥有深入思考的能力，到了中学阶段孩子读了很多名著之后，他居然会从《红岩》里江姐的身上学到坚强的品质，从《平凡的世界》里的孙少平身上学到吃苦的精神，从《悲惨的世界》作者雨果身上学到拯救劳苦大众的品质。此前有多位家长问我孩子的思维习惯如何培养，其实就是在生活的点滴中为孩子树立榜样，教会他分析榜样的优秀品质。这样孩子就会自然而然地形成正向的思维习惯，积极向榜样学习，在学校也会辨别出黑白对错，与那些和自己价值观相似的同学做朋友。至于行动力，也自然会以榜样为目标，积极行动，一旦遇到挫折和失败，也会寻找对标的榜样去说服自己，跌倒了再爬起来。

五、确立正确的期望值，远离焦虑

现在许多家长只想着要想方设法把孩子送到最好的学校去读书，因为好的学校有最好的老师、最优秀的同学，他可以向老师和同学学习。可是我听到了不止一个在班级里甚至是年级里成绩拔尖的孩子，他们为了0.5分都要去和老师反复争取。如果是老师判卷出现了错误，去争取本来无可厚非，学习知识应该有探求真理的勇气和精神；可是我们的孩子只是为了排名去争取这0.5

分，是不是出发点就是错误的呢？

如果我们的评判标准里学习成绩第一就是最优秀的，一个要强的孩子努力去争取第一也是上进的表现，但如果他们为了得到这个第一不择手段，那这是不是就是最危险的信号呢？如果我们教育的目的是只当第一或者至少是前十，我们可能和孩子说，妈妈不要求你必须当第一，只要你在班里进前十就行。这样听起来可能够宽容，要求够低的了，可是孩子怎么还是达不到呢？于是家长们就会到处取经，是我们报的课外班不够多，还是做的练习册不对呢？家长很关心孩子，会和老师沟通，和孩子谈心，帮孩子整理错题，认真地坐在课外班的最后一排记笔记，回家后耐心地给孩子讲解，忙忙碌碌，转眼就到下一次考试了，通过两个月如此的努力，这次应该可以进前十了吧。可是还是没进前十，那就再想办法再努力，如果进了前十，那就必须更加努力，要保住胜利果实啊。

如此循环往复，家长不可谓不关心孩子，孩子也是非常努力，可是我们回头再看时，我们十几年来就只做了这一件事，就是要努力保名次。那么在今后的生活中，一旦名次落后就成了灭顶之灾，家长叹气，孩子难过。

我们为什么那么害怕？因为我们从孩子出生后一直焦虑——孩子学习好不好，能不能考上最好的大学，找到最好的工作。我们忘了教给孩子最基本的生存技能，就是解决问题的能力。

成绩不好，孩子可以去向老师和同学寻求帮助，而不是盲目地去报课外班。我的一个朋友的女儿就告诉她妈妈："我虽然数学学得不是特别好，但您不用给我报课外班，因为我们数学老师教得特别好，我下课就会找老师问问题，我算了一下，如果每天解决两道难题，一个星期也不比我们报了课外班的同学学得少。"当然我也必须要强调一下，不是说报课外班都不对，但是原则是学校老师能教的就不报班，要让孩子学会利用课堂学习，利用身边的老师资源。我们利用好了学校的课堂时间，也节约出了很多课下重复学习的时间，可以发展孩子其他的爱好和特长。

其实学校的学习成绩是规定了标准的，60分是及格线，孩子只要每科达到60分就应该是合格了。但如果为了让孩子进名校，只考60分简直是太可怕了。那我们敢不敢就拿60分当起点来努力呢？我孩子在参加美国高中申请时发现，美国的SSAT考试每一科目的基础分数都是500分，就是你听到的满分2400分里，有1500分是每一个参加考试的孩子都会有的。我的感觉是这是一个尊重孩子的表现，每一个参加考试的孩子起点都不应该是0，当然也有人会想这不是自欺欺人吗？究竟为什么会有这样的规定我们可以私下里再研究，可是如果我们把这个方法用在对孩子成绩的要求上，就以60分为起点，按照学校的评价标

准，如果孩子达到了一个标准75分就是良好，我们和孩子的心理暗示是我们的成绩是良好的；如果达到85分就是优秀，那我们和孩子的心理暗示是我们的成绩是优秀的。有了一个成绩优秀的孩子，我们是不是就不那么焦虑了？孩子也不会那么紧张了？也不会为了0.5分去想尽办法，急功近利了呢？当我们不再计较排名，不再计较一分、两分的得失，而是积极地想办法去解决问题，那些焦虑和负能量对家庭、对孩子的消耗也会减少，把那些积极的能量用在生活中，家庭和孩子应该能得到更加健康的发展吧。

05

第五章

成长型父母
养成方案

父母在孩子成长的过程中，究竟应该是一个什么样的角色呢？我们发现，对于年龄比较小的孩子，只要父母足够爱他，他就会想办法回报父母，他们这么做可能是无意识的。孩子小的时候，父母的信任和期待往往是孩子努力的动力，家长只要正确地引导，孩子就容易在生活上、学习上建立好习惯。孩子长大一些后，就开始有了自己的主意，其实这是一件好事情，孩子开始主动思考、主动选择，可是很多家长不是很了解孩子的成长规律，觉得孩子越大越不听话了，心里充满了担忧和焦虑，担心孩子失去了自己的控制就会学坏。其实家长要做的是关心孩子的成长环境，看看他和什么人在一起，他喜欢做什么。如果他身边都是积极上进的同学，他爱做的也是合情合理的事情，千万不要觉得孩子爱听歌、爱写小说、爱踢球这些都是浪费时间，并不是只有学习书本知识才叫学习，打扫卫生、画黑板报、积极运动，这些都是学习，交往能力、责任心、强健的体魄、解决问题的能力对孩子走向社会有着不可替代的作用。

在孩子成长的过程中，父母需要充当不同的角色，包括生活中的照顾者、学习中的教练、谈心时专心倾听的朋友……合格的父母要学会随时切换不同的角色，做智慧的家长。

如今的父母比从前更加辛苦，除了做不完的家务，还有巨大的工作压力，要我们总是心平气和地去面对孩子的错误，确实是一门很艰难的功课，可是家本该是孩子最稳妥的港湾，父母本该是孩子最安全的臂膀，为了我们最亲爱的孩子，再艰难的功课也只能咬牙去学习。

社会文明程度越高，对教育的需求就越高，如今家庭教育已经成了最热门的话题，有些城市甚至公开建议家庭教育立法，让父母持证上岗。家庭教育的学习方法是五花八门的，究竟什么方法才是最有效的呢？

成为成长型父母的第一步是要完成父母自我的身份认定。我们这一代父母，读书、考大学、毕业、工作，大多都是全新的尝试和探索，我们自己父母给我们的有效教育是非常有限的。要想学习成为成长型父母，最重要的是重新定位自己的角色。

一、父母要做好自己的角色定位

首先要思考三个问题：我是谁？我的能力是什么？我希望自

己成为什么样的人？

创建自己的指南针，这一步至关重要。接下来，写出自己的工作观和人生观：工作对你来说意味着什么？工作的目的是什么？工作的原因是什么？有没有办法让工作变得有趣？人生的意义是什么？如何让你的生活更有价值？你如何和家人、和外界建立连接？成就感对你来说重要吗？你如何获得成就感？

之所以让每一位父母重新做一次自我定位，是因为我在完成个人角色定位的过程中，重新思考了自己人生成功和失败的经历。我发现这个自我思考和探索的过程，非常适合用在引导孩子成长的过程中，一旦父母了解了寻找自我角色的过程，就可以帮助孩子做好成长中的自我定位。下面就分享一下我个人自我探索的过程和结果。

> 我的工作观：我为什么工作？通过分享发现了自己的能力和价值，不想荒废了自己的天赋和能力。前半生并没有清晰地找到自己的价值和努力的方向，现在应该抓住机会。
>
> 工作对我来说意味着什么？它意味着安全感和价值感。因为现在的工作，我的生活变得丰富了很多，从被需要和学习中感受到了自我提升的快乐和希望，我可以和更多同频的人建立联系。以前是希望被认可，现在是逐渐发现了自己独

特的能力，被需要、被认可、努力读书、写内容、输出、分享，让自己得到了前所未有的快乐，通过工作来输出我的经历、收获和成长，从而激励更多的人共同成长，让我获得了成就感。

工作观的反思：我太在乎他人的认可和评价，不够自信。不应再把时间浪费在点赞和关注上，努力输出有价值的内容，即便是不火也是个人成长的一个途径，火了也只是一个附加的收益。这个思考来源于一位参加过数学竞赛的高中生对数学竞赛的思考。他提到学习竞赛的目的是享受克服难题的过程，这个挑战的能力一旦培养出来就是终身的能力，而参加竞赛获得奖项只是一个附加收益，不能以此为目标去学习。

自信来源于了解自己能力和优势后的不断成长，找到成长的方向和方法至关重要。另外还需要支持和合作，无论你自己有多努力和优秀，还是需要合作，但必须找到同频的人和团队。现在似乎找到了这样的团队，但是和我的节奏还是有差距，这不一定是合作者的问题，我自己需要放缓节奏，然后用更多的时间实现自我成长。要充分享受阅读、思考、打通的过程，有充足的时间、精力才能更好地完成这个过程。

当自己的工作和更有意义的社会活动相结合时，我们会觉得更有成就感和满足感，当遇到压力时会更容易忍耐和渡过难关。

我的人生观：父母的家庭教育教会我坚强、善良。35岁之前的我没有目标，顺其自然地工作、生活，没有深入地积极思考，所以在工作中没有得到更多的成长和收获。但勤快、善于学习还是让我获得了很多机会。35岁之后，正确的价值观引领我积极、勤奋、不放弃，遇到问题向内思考，不轻易放弃，在乎他人的感受。我也因此培养了一个比较优秀的孩子。45岁之后，善良、爱分享、坚持、行动、学习能力让我收获了信任和成就感。社会对教育价值观的转变让我有了新的机会，这可能就是人们常说的机会是留给有准备的人的。无论他人的善恶，积极助人和一心向善总是能让自己内心平和。

工作观和人生观的一致性评估：我的工作观和人生观都表现为助人的、利他的，分享使我得到成就感，通过自己的努力改变社会和家庭的教育价值观，保护和支持孩子的个性化成长，从道到术，开始打通。

我的个人总结：最重要的是开始行动。

我的行动起点：分享—答疑—咨询。

我的天花板：细节不够专业。于是我开始求助、学习、积累，同时找到了自己的独特性。开始提升自己的教育格局、教育价值观，积累经验解决各个年龄段孩子的实际问题，更加贴近家长和孩子。

拆掉天花板后，我开始变得自信，并继续持续地自我提升——阅读、写作、实践，实现正向循环。

创造价值：咨询、直播、视频号、培训课。

练习：完成自己的人生设计仪表盘。

父母们也可以像我一样，写一写自己的工作观和人生观，对比一下它们是否一致。通过这个自我探索的过程，父母除了可以自我思考和完善，同时也演练了一遍自我寻找的过程，这个能力会在下一章培养自驱型孩子的学习中起到非常重要的作用。

二、了解我们的孩子

父母做完了自我定位，了解了自己的养育方式，下面我们开始了解我们的孩子。

1.孩子不同年龄段在生活环境中的归属

年龄	特点	地点
0～6岁	家庭化逐渐向微观群体化过渡	家、幼儿园、兴趣班
7～14岁	社区化、同类化	学校、课外班、夏令营
15～18岁	社区化向社会化过渡	学校、课外班、夏令营、实习、课外活动

孩子在不同年龄段，他们是归属于不同群体的。

0～6岁是孩子从家庭化逐渐向微观群体化过渡的阶段，这是孩子从出生到年龄比较小的阶段，他们活动的空间非常有限，主要是在家中。其中3岁以后孩子活动的空间会扩大，这个阶段孩子会上幼儿园和课外兴趣班。

7～14岁的孩子开始从微观社群向社区化过渡，比如孩子读书的学校就是一个归属于自己的社区，同时孩子还会有一个同类化的群体，比如孩子在课外班和兴趣班上，会找到有着共同兴趣和学术特长的同伴。他们在这些地方，一起学习，共同成长。

15～18岁是孩子从社区化向社会化过渡的阶段，社区包括学校、课外班、夏令营，那社会化又是什么概念呢？一个中学生如何走进社会呢？其实高中阶段的孩子，16～17岁就有机会去参加一些海外的夏令营或志愿者活动，或是到一些单位实习，参与社科类的调研活动或科研活动，这些都是孩子向社会化过渡的一个过程。

那么这些不同的群体和圈层究竟会对孩子有什么不同的影响呢？

0～6岁的孩子，年龄实在太小，我们很少会去分析他们活动的场所，但是在一个孩子成长的过程中，哪怕是年龄比较小的阶段，都会有几个重要的能够影响他未来变化的教育环境。

一是孩子能够受到的父母带给他的家庭教育。二是孩子能够享受到的社会教育资源，首先是学校教育，其次是课外学习。还有一个被大家一直忽略的，就是活动场所的影响，即孩子成长的环境。家庭条件不是十分优越的孩子，选择学校的范围就会比较有限，能够得到的教育资源就会相对有限。

7～14岁是处于小学和初中阶段的孩子开始向社区化转变的阶段，这个社区就是指孩子的学校。有的学校大，有的学校小；有的是公立学校，有的是私立学校。社区化不同，孩子和老师同学相处的模式不同，对孩子未来的影响也会有所不同。

这个阶段家长要关注孩子独立思考能力和主动性的培养。有时候如果孩子在学校淘气了、捣乱了，父母不要把问题放大，要接受孩子的淘气，接受孩子的成长规律，孩子在学校基本遵守纪律就好了。到了家里要尽量让孩子感到放松和舒适，家里不应该是充满纪律和标准的地方，在家庭环境中父母要给孩子足够的空间和时间，让孩子独立思考，做自己喜欢的事情，读自己喜欢的书，鼓励他们有自己的想法，鼓励他们做出自己的选择。

另外一些孩子社会化的环境就是课外班，课外班其实是孩子选择学科学习、特长爱好学习同类化的环境。同类化是指有些孩子喜欢数学，有些孩子喜欢语文，有些孩子喜欢英语，父母会为他们选择不同的课外学习环境，和孩子一起学习的同学就组成了这样一个同类化的圈层。在这样一些小圈子里学习，主要是为了提升孩子不同学科和兴趣爱好的能力。父母一定要明白孩子上课外班的目的不是为了比较成绩，而是为了提升能力。同一类喜欢某一个科目的孩子一起学习，是为了相互讨论，相互学习，共同进步，而不是相互比较。

15～18岁是孩子从社区化向社会化的过渡的阶段。在这个阶段，家长要为孩子创造一些走进社会的机会，比如去实习、去当一个小老师，这些都是让孩子与社会、与成年人接触的过程。比如说我的孩子，在美国读中学时，学校就安排他做志愿者，每周他会安排一个小时，教一个三年级孩子的数学和英文。参加这个志愿者活动，就是孩子向社会化过渡的一个过程。在这个活动中，孩子需要自己和学生父母约定上课的时间和地点，他必须安排好自己的时间，同时学会遵守约定，对学生和家长负责。

孩子在这个阶段为什么要向社会化过渡呢？因为18岁以后孩子开始进入大学，他们要开始为自己的专业方向、实习、工作做准备。他必须了解别人是怎么工作的，他如何将学到的知识用于实践、如何去社交、如何向他人学习，社会化的过程对孩子的未来至关重要。

对于15～18岁的孩子来说核心还有高考，孩子主要还在学校和课外班这两个环境中学习。但是这个年龄段，孩子的自我意识、价值观都开始建立，他很想知道成年人是如何工作、如何赚钱、如何生活的。所以在这个阶段，父母应该安排孩子去参加一些国外的夏令营，或者参加国内的一些志愿者活动、营地项目，让孩子看看学校和课外班之外的世界，了解一下其他人都在如何学习、如何生活。

我们很多父母一直没有意识到孩子在青春期的社会化需求，孩子自然无法通过实践和尝试释放自己的能量，无法寻找自己感兴趣的专业方向。他们往往在进入大学之前根本不会选择适合自己的专业，这是因为他们没有机会了解社会是如何运转的，现代社会的需求是什么，他们自己的能力是什么。他们无法让自己的喜好和擅长的能力与社会需求之间建立联系。

2.家长和教育者在孩子每一个年龄段的职能

年龄	家长角色	教养方式	教养目标	教养特点
0～6岁	父母兼同伴	爱、陪伴、观察、倾听、沟通、共情	成长观	家长要放慢节奏
7～14岁	朋友兼教练	信任、支持、引导、放权、挑战、倾听、沟通、共情	习惯养成、学习观、价值观初步	根据个体化差异共同成长
15～18岁	志同道合的导师	自我认知、引导、支持、榜样	价值观、人生观、职业观	家长在孩子的身后，比孩子成长慢

对于0～6岁的孩子，核心是爱与陪伴、时间、关注、树立榜样；对于7～14岁的孩子，核心是信任和支持，把控制权和选择权交给孩子，对于青春期的孩子要缓解他们的压力；对于15～18岁的孩子，核心是信任、引导、支持、树立榜样，培养孩子的自尊感、自律感、价值感及自我认知能力。

按照孩子的成长规律，我们把0～18岁分成了三个阶段，每一个阶段父母应该做什么，应该用什么样的节奏陪伴孩子成长，父母和教育者的目标是什么呢？

0～6岁孩子父母的角色应该是管理者兼同伴。现在很多孩子都生活在独立的区域里，3岁前很难和其他小朋友一起成长。

所以很多时候，父母要扮演小朋友的角色。父母要学着了解，0～6岁的孩子容易有什么样的情绪，他情绪背后的需求是什么，孩子哭闹、咬手指等行为背后有什么情感需求。在这个阶段，父母不仅仅是孩子的抚养者，还要经常充当孩子的玩伴，和孩子一起玩耍、一起学习、一起成长，这个阶段父母的养育方法，不只是爱和陪伴，同时要观察、倾听，逐渐了解孩子的性格特点和兴趣爱好。

这个阶段父母要学会共情这项关键能力。共情是指理解孩子行为背后的情绪，同时也要理解孩子情绪背后的需求是什么。共情可以分为三个步骤：首先是了解孩子行为背后的情绪需求；其次是了解孩子情绪背后的实际需求；第三是分析孩子的这个需求该不该满足，如何满足。

观察孩子，了解孩子的个性特点是这个阶段父母要学会的第二项能力。观察的目的是发现孩子喜欢做什么，孩子做事的风格是什么，孩子最擅长的能力是什么。观察的目的是找到孩子的天赋能力、性格特点，之后可以根据孩子的个性特点培养他的行为能力，帮助孩子寻找天赋，建立目标，实现梦想。

学会和孩子沟通是这个阶段父母要学习的第三项能力。这个阶段的沟通不能是自上而下的沟通，而应该是同伴式的沟通。因为这个阶段的小朋友经常不了解自己的情绪，不擅长表达情绪和需求，父母必须理解他们，帮助他们，找到他们的需求。父母沟通的方式要匹配孩子，要成为孩子，就是我们常说的父母要蹲下身来跟孩子讲话，看着孩子的眼睛，搂着他跟他沟通，这才会让孩子感受到自己被关注、被理解、被接纳。这个阶段父母的语言和道理孩子是很难理解的，反而是我们的行为，会让孩子更容易理解和接受。

沟通的另一个层次是，通过提问锻炼孩子的理解力和思考能力。5～6岁，随着孩子语言能力的发展，好奇心增加，面对一个十万个为什么的孩子，父母要充满耐心地去解答，要全面激发孩子的求知欲，引导孩子寻找问题、思考问题、寻找答案。

对于0～6岁的孩子，还要关注孩子的成长观的建立。什么叫成长观呢？成长观的第一部分是关注身体健康。孩子要开始逐渐建立良好的生活习惯，关注身体的健康。在这个年龄段孩子比较容易生病，很容易发烧，其实这是孩子身体抵抗力提升的过程。孩子的成长观包含着身体的健康，没有一个健康的体质，就很难发展孩子的爱好和特长，要让孩子理解身体健康是成长的第一要素，如何得到健康的身体，比如要早睡早起、食物要营养丰富、搭配均匀，让孩子理解为什么不能挑食，为什么要多运动，这都是成长观的关键因素。

成长观的第二部分是孩子对自己大脑发育的认知。我们可以告诉孩子，他们的小脑袋就像植物一样，是在不断地变化和生长的，主动思考问题的时候，你的大脑就像小树苗一样在生长。父母要告诉孩子，我们做思维游戏的时候，听英文故事的时候，拼乐高模型的时候，你的大脑就像小树一样长出很多的枝芽，玩得越多越久，枝芽就会一个个地生长。通过这样的描述让孩子体会大脑的学习过程，让孩子爱上学习。

通过培养孩子的成长观，父母也会发现0～6岁是一个十分漫长的过程，孩子的身体、大脑都在积极地变化和成长，父母要放慢节奏，不能急于求成。有些小孩说话晚一点，有些小孩阅读慢一点，这都无关紧要，父母要按自己孩子的节奏，陪伴他一点点长大。有些小孩一岁就会讲话了，而有些小孩三岁才会讲话，但是一岁的孩子讲话时是一个词一个词地说，而三岁的孩子讲话很快能讲出完整的句子，其实最后都是完成了一个小树苗长大的过程。虽然过程中有不同，但结果是相同的。如果父母希望孩子这棵小树能够生长得更加茂盛，那就要依靠合适的家庭教育和外界环境对他进行滋养，当这些滋养共同地给到孩子时，孩子也能够通过合适的方式吸收，他才会生长得更好。

7～14岁孩子进入了另外一个环境，即社区类和同类化的环境。这时候家长要学会做孩子的朋友兼教练，这个阶段孩子要进入学校，走进社区，甚至会去课外班。这些都是学习的环境，为了孩子能够在环境归属中找到自信和安全感，父母要支持孩子进行学习，要当好孩子的助力者，要培养出足够的学习能力。

父母要了解学校课程的要求，帮助孩子找到自己的学习节奏和学习方法，让孩子学会交朋友，在自己的圈子里找到自信和成就感，这些都是教练要做的事情，所以这个时期，父母要从一个管理者向教练做转变。

7～14岁孩子的父母另外一个职能就是要做孩子的朋友，父母要成为孩子的倾听者和沟通者，要理解他每一个需求背后的原因。那这个阶段的父母的教养方式是什么呢？首先是信任孩子，父母要相信孩子是不断成长变化的，孩子对新的环境、新的要求需要一个适应的过程。如果刚开始孩子的成绩不是很理想，父母要积极帮助孩子找到自己的学习方法，支持和引导孩子建立自己的学习观，陪伴孩子建立自己的学习习惯，培养孩子做计划的能力，这个阶段父母千万不能放手。

但同时，父母也要适当放权给孩子。有些事情可以让孩子自己做决定，要给孩子创造挑战的机会，比如孩子在学校数学成绩不错，就可以鼓励他参与一个数学竞赛；如果运动能力强，也可以支持他参加一个运动类的比赛，参加比赛的意义是为了让孩子发现还有努力向上的空间。

7～14岁父母教育的目标是什么呢？首先要帮助孩子养成良好的习惯，习惯包括学习习惯、做计划的习惯等。这个阶段孩子需要建立的是学习观，孩子要明白自己为什么要学习，为什么要去课外班学习，学习的这些知识和能力未来能做什么，能帮助他们解决什么问题。

父母要引导孩子理解学习的目的和意义，如通过学习阅读能够发现社会中的问题，通过学习科学能够了解大自然变化的规律，通过学习数学能够解决生活中的一些问题。父母要帮助孩子一层层剖析学习的价值。

那么如何才能给孩子讲清楚学习的价值呢？我们以数学为例来分析一下。我们为什么要学数学，首先是为了锻炼逻辑思维能力。数学里的计算题必须一步步写清步骤，证明题必须写清因为、所以，一步都不能落下。数学里的应用题就是在解决生活中的问题。应用题通过描述生活中的问题，然后通过分析、计算得到答案，这就是解决问题的过程。当父母有了高阶的学习观和教育观，能够帮助孩子分析清楚学习各个学科的目的，通过学习可以锻炼哪些能力，孩子会理解自己做每一道应用题都是在解决一个生活中的问题，读每一篇文章都是在了解别人的一个故事，开始学会理解作者写这篇故事的情感。当孩子明白学习的意义和价值的时候，每一个学习的过程都会使他的大脑得到锻炼和成长。在前面，我们讲过青春期是孩子大脑迅速发育的第二个阶段，父母要抓住孩子的这个核心成长期，用正确的方法，快速让孩子的大脑生根发芽，为枝繁叶茂打好基础。

正确的学习观是孩子良好价值观的一个初步体现。孩子的学习需求是为了让周围的人变得更好，让社会变得更好，让地球变得更好。学习的目的是创造更大的价值，例如我们通过学习写作，能够表达出我们的思想，让更多的人读到我们写的文章，去影响到更多的人。让孩子了解他有什么能力，他还需要学习哪些知识，通过学习能够提升自己的什么能力，这些能力能够帮助周围的人做点什么。哪怕是很小的事情，这些都能够让孩子开始有价值感、成就感和自信心。

另外，升入初中后的转变期对孩子是一个极大的挑战。升入初中，学习内容和形式开始发生变化。小学老师的包容度高，会把学生当孩子，但初中后，孩子的身高和性格变化会造成一个他们已经长大了的假象。他们希望独立，希望更多地和朋友学习，但他们却还是一个孩子，思考能力有限，自控能力有限，学习能力有限，可是初中功课越来越难，评分标准越来越复杂，身体和角色发生了变化。当这一切同时发生时，部分孩子经常会手足无措，但是这又是一个他们最烦躁、最不想张嘴求助的年龄。所以家长看到的就是一个爱发脾气的孩子，不讲道理的孩子，拒人于千里之外的孩子。但这时候却是他们最需要支持和帮助的。父母要真实地告诉孩子，他们可能要面对什么样的身体变化，要和孩子一起分析他在学业上的问题，有没有具体的困难，有没有应对措施，需不需要具体的帮助。父母要告诉孩子，每一个人在这个阶段都在经历着相同的挑战，而无论你遇到什么困难，我都会和你一起面对。这时候，父母孩子就是队员与教练的关系。为了获得孩子的信任，我们也要积极地了解这个阶段孩子的特点，给予他们最有效的支持和帮助。

第三个阶段就是15～18岁，这是孩子价值观的成长期。这个阶段家长的目标是什么呢？是成为孩子志同道合的导师。这里的志同道合指的是什么呢？就是父母要了解孩子、理解孩子，父母要了解孩子擅长的是什么，了解孩子的性格特点是什么，能够及时给予孩子支持和帮助。

这个时期的孩子，非常渴望了解家里的实际情况，希望成为家庭里的核心成员，希望能对家里的事情发表意见，渴望参与到家庭生活中来。父母可以把孩子当作成年人，欢迎孩子对家里的事情参与讨论，提出自己的意见。和孩子聊聊你的工作、你的朋友圈、你关心的领域、你对新闻事件的看法。孩子通过和父母的沟通了解社会，关注社会，激发他们走向社会的热情，分析自己的能力在未来社会中如何发展、如何发挥作用，通过进一步探索，知道自己所学的知识如何使用，还应该努力学习哪些学科的知识。总之，父母是开启孩子社会化的钥匙。在这个阶段，父母成为和孩子志同道合的导师，引领和支持他们了解社会，为走向社会做好准备。这样的支持也是孩子获得自信和安全感的关键。

父母对孩子的引导、支持、信任必须有实际行动。如果孩子的脾气不是特别好、不太会控制自己的情绪，父母要教会孩子理解自己的情绪，找到情绪的来源和出口。父母的支持一方面表现在教育资源的支持上，孩子喜欢什么、擅长哪一方面，父母要积极寻找外界资源的支持；另一方面表现在情感的支持上，父母要理解青春期孩子身体、大脑发育的需求，接纳孩子的情绪和行为，尝试沟通和共情，支持孩子寻找解决问题的方法，了解他们在人际关系和外部认同中可能存在的压力。

这个阶段也是孩子人生观的成长期。父母要引导孩子寻找自我认知和自我价值。我们的人生目标只是为了过好自己的生活，还是要努力让周围的人也一起幸福快乐，人生观的形成是孩子终身寻找和发展的过程。这个阶段的孩子还要逐渐开始建立职业观。孩子要开始了解自己的能力、自己的兴趣方向、在未来他希望从事什么职业。父母要和孩子一起讨论现在的社会分工和职业变化、孩子感兴趣的领域、未来有可能从事什么样的职业。但父母一定要有发展的眼光，不能被现在的职业所局限。

小专栏、小贴士

0～6岁为第一阶段，该阶段家长要按照孩子的年龄特点放慢速度，降低要求，不要盲目比较、评价、贴标签。要关爱孩子、保护孩子、观察孩子、满足孩子的需求。

7～14岁为第二阶段，该阶段家长要和孩子同步成长，陪伴孩子建立良好的习惯，激发孩子树立目标和梦想，鼓励孩子发展自主性。

15～18岁为第三阶段，该阶段家长要成为孩子身后的支持者，不要评价、要求和讲条件。不要急于提出建议和提供资源，要等待孩子思考、试错后主动提要求，要观察、引导和激励，要给孩子思考和参与的时间及机会。

三、合作式养育更加积极健康

那么究竟有没有更好的养育模式呢？根据我自己的教育经验，合作式养育是一种比较好的养育方式。所谓合作式养育，就是父母把孩子成长的过程当作是一次彼此了解、彼此接纳、彼此尊重、彼此信任、共同成长的过程，其中没有评价、指责、要求和控制，更多的是爱、陪伴和理解。父母要放下长辈、过来人和教育者的身段，和孩子共同经历社会中的变化，一起面对不确定性，面对失败和挫折，寻找解决问题的方法，锻炼终身学习和成长的能力。

每个孩子的成长都需要爱护他们的成年人，他们要用关心孩子的方式和孩子交流，利用每一次机会培养孩子的自信。父母教养孩子的目的不是为了成功和名利，而是让他们成为独立自主的孩子，然后成长为自信独立的成年人。在这个成长的过程中，父母要信任孩子、尊重孩子，使之独立、与之合作并报之善意。

四、学会关心我们的孩子

"我这么做都是为你好"，这是父母最常对孩子说的话。是的，没有哪一个父母会伤害自己的孩子，他们都希望孩子健康快乐地长大、衣食无忧地生活。可是父母对孩子好的方式也是有区别的，我们要分清楚的是，父母关心孩子的方式，究竟是利他还是爱他。爱他的父母更关注孩子当前的幸福，这类父母认为，童年是孩子一生中最幸福的阶段，所以要帮助孩子享受童年的幸福时光，而不是为未来焦虑。利他的父母关注的是孩子未来的幸福，这类父母认为童年是播种的季节，只有在童年努力播种，才能在成年获得丰收，所以从童年开始就要努力付出和做好规划。

无论是爱他还是利他，似乎都是为了孩子的成长，但是仔细思考，确实还是会有不小的差别，感觉都不是那么完美。那究竟有没有完美的教养方式呢？

五、学会和孩子沟通的技巧

家长都觉得很难和青春期的孩子沟通，其实了解了孩子行为背后的需求，再学习一些沟通的技巧，和孩子相处就会变成一件非常愉快的事情。根据我陪伴孩子成长的经验，来为大家分享几招。

1.父母要先分享，关键是不能急于求成，耐心等孩子开口的那一天

父母在接孩子放学时最爱问："你今天开不开心啊？交到新朋友了吗？老师表扬你了吗？学会什么新知识了？"父母如果下班晚，回家见到孩子，最爱问的可能就是："作业写完了吗？今天考试怎么样？读书了吗？没玩游戏吧？"父母习惯了围绕着孩子的学习生活提问题，但我们发现问来问去，就是那么几句，我们和孩子的对话很快就会陷入僵局，很快就把天给聊死了。作业、考试、游戏这种话题，会直接导致压力、焦虑、争吵。所以和孩子沟通，要讲究内容和方法。除了聊孩子的事情，父母可以换个角度，和孩子聊聊你自己的事情，聊聊别人的故事。以下几方面可供参考：

（1）和孩子分享你成功和失败的故事；

（2）和孩子分享你工作中遇到的困难，听听他的想法和建议；

（3）和孩子分享你青春期成长时的心理变化和有趣的故事；

（4）和孩子分享你喜欢上异性时的心情和感受；

（5）和孩子聊聊你听过的新闻，读过的书，崇拜的人。

2.养成定期沟通的习惯，学会和孩子聊天

和孩子聊天，要掌握分寸，把握场合，更多的时候要学会倾听，理解孩子真实的感受，有时要安抚，有时要配合，有时要先冷静再沟通。

身为父母，我知道作为家长是多么急切、多么轻易地想指导孩子，免得他犯错或受到伤害，但很多时候，孩子更需要的是父母的聆听，而且是在很有安全感之下的聆听，这样孩子才愿意放心地、诚实地说出自己的心里话，我们才能知道他小小的脑袋里到底想的是什么。

和孩子养成聊天的习惯，还可以通过固定的时间和形式来实现，可以根据孩子的年龄和空闲时间设定亲密聊天的时间，可以每天一次、每周一次，或者是每月一次。但在这段时间里，绝对要心无旁骛，把全部精神和注意力都放在孩子身上，回答他们的问题，回应他们的情绪，聆听他们的苦恼，分享他们的快乐。这段亲密时光所带来的理解和情绪抚慰的能量，就可以帮助孩子应对繁重的学业和复杂的人际关系，孩子也可以获得足够的自信和安全感。

3.先倾听、再沟通

很多家长都担心孩子出国读书后，亲子关系会变得疏远，孩子和父母更加没有共同语言了。

"我钦佩一种母亲，她们在孩子年幼时给予强烈的亲密，又

在孩子长大后学会得体地退出，照顾和分离都是母爱在孩子身上必须完成的任务。亲子关系不是一种恒久的占有，而是生命中一场深厚的缘分，我们既不能使孩子感到童年贫瘠，又不能让孩子觉得成年窒息。"这是我在2015年读到过的一段话，这段话一直激励着我智慧地陪伴孩子成长，努力寻找最适合孩子的成长方式。当父母接受了孩子是一个独立的个体，接受了分离是孩子成长的需要时，我们就会主动调整和孩子沟通的方式。父母毕竟是成年人，更容易按照孩子的节奏和需求来对话及沟通。

我儿子去美国读书，我们的沟通也不是一帆风顺的，我也经历了几个不同的时期。他刚到美国时，可能是对寄宿生活感到新奇，第一学期选择了好几个俱乐部，忙得四脚朝天，我发微信根本得不到回复，偶尔回复了，也就是几个字："嗯，是的，好的。"我的一个好朋友专门叮嘱过我，尽量不要和孩子聊学习，虽然很多时候我也忍不住会问，但大多数时候都会主动问一些他参与的俱乐部、参加的运动队等他感兴趣的内容，聊这些话题还能让聊天的时间长一点。大约半年后，儿子的新奇期、探索期逐渐过去了，我们聊天的时间才增加了一些。

直到一年后，儿子在开学去美国前主动和我沟通，他说："妈妈，你不能只关心你的家长和学生，你也得管管我。"我听到这个话，真的大吃一惊，我说："妈妈一直都在管你啊，我只是以为你已经不需要我太细致地关注了。儿子，你需要妈妈怎么帮你，妈妈随时都在。"儿子说："你能不能每天美国时间晚上8点给我微信打卡，提示我开始学习，因为我计算了一下，我每天必须学习4个小时才能完成作业，为第二天上课做好准备。"我说："可是我以前发信息你也不理我啊。"他说："以前我觉得自己能管理好时间，现在我发现学习之前还是要有仪式感才行，你每天和我打卡，会提醒我这件事情的重要性。"我当然欣然答应，每天坚持和儿子打卡。现在我们变成了一次通话至少一个小时，在他期末考试的时间段，我们俩不敢通话，只敢发信息，因为担心会占用他的学习时间。我们最长的一次隔空对话长达5小时，他在电话那边弹钢琴，我在电话这边整理学生的规划信息，过程中偶尔做一些反馈和沟通。其实，孩子对父母的需要，就是真诚的关心和理解、有效的支持和陪伴，只要这种亲密感始终围绕在孩子的左右，他就会得到强大的安全感，这样的亲子关系才能成为孩子最坚强的后盾。

六、在阅读中自我成长

　　孩子还没出生时，我就开始阅读各种育儿书，这些书里的很多内容对我后来的育儿实践帮助非常大。十年后，我重读这些书时，也有了更深的感悟，所以从自己的角度把这几本我认为重要的育儿书分享给大家。

（一）《爱在左　管教在右》——所有的教育都和爱有关

迄今为止，对我影响最大的一本书是金韵蓉的《爱在左　管教在右》。该书作者拥有一颗深爱孩子的母亲的心，这种爱温暖而又充满力量，这本书里告诉了我们几件父母必须学会的事：学会爱、学会聊天、学会赞美、学会管教。

（二）《卡尔·威特的教育》——相信成长的力量

在《卡尔·威特的教育》这本书的内页上有一句话："天才并不取决于先天的禀赋遗传，而是来自后天的教育和培养，每一个孩子都有成为天才的可能。"当年在读这本书时，我并不知道我孩子的智商怎样，也不知道我的孩子是否喜欢数学，而我知道的是我相信了这句话，我相信如果我教育和培养的方法得当，我也会拥有一个天才的孩子。我经常说每一个孩子都应该是没有天花板的，只要父母细心地观察和陪伴，一定能发现他独特的地方，而后放大它、发展它。

（三）《你就是孩子最好的玩具》——学会情感引导

在看到这个书名时，我的第一个想法就是，这本书应该是要求家长用更多的时间来陪伴孩子，而不是简单地给孩子买玩具。但读这本书不久后就看到了一个关键词——情感引导，这是教你如何正确陪伴孩子成长的一本书。

首先我们来说一下什么是情感引导。情感引导其实就是向孩子传授情感规则，让他们知道如何辨认情感并且用恰当的方式来表达。通过引导，父母可以根据孩子的发展阶段来帮助他们认知情感和表达自我，情感引导的核心就是父母来帮助孩子认识情感，认识人际关系、社会行为和他们所生活的世界。

（四）《让天赋自由》——寻找闪闪发光的孩子

有一个小学老师正在给一班6岁多的孩子上美术课，教室后面静静地坐着一个小女孩，平时课堂上她都是心不在焉的，可是这次美术课她却完全不一样。20分钟过去了，小女孩仍然专心致志地在纸上涂抹，完全沉浸在自己的世界里。老师很惊讶，忍不住问她："你在画什么呢？"小女孩头也没抬，答道："我在画上帝。"老师很疑惑，问她："但是没有人知道上帝长什么样子啊！"小女孩说："过一会儿你就知道了。"

《让天赋自由》这本书用画上帝的小女孩的故事做引子，来说明小孩子对于自己的想象力是非常自信的，但是长大以后，我们绝大多数人都逐渐丧失了这种自信。同样的问题，问小孩子时，大家都会踊跃地举手，而大学生可能就会非常谨慎地给出答案。每个人生来都是有强大潜能的，但随着阅历的增长，反而会越来越相似。我们讲过，现代的教育制度让大家更像是机器上的同一款螺丝钉，束缚了人们最大化地发挥自己的天性。但是令人开心的是，随着时代的进化，我们发现未来社会更需要每个人都能找到自身的天赋能力，这不仅能让我们更加享受生活的过程，而且也能够通过协同合作创造出更加和谐美好的世界。所以书中首先阐述相信天赋和潜能的存在是我们寻找天赋的第一步。

以上几本书每一本我都读过至少3次，由于孩子逐渐地长大，每次阅读的感受都不太相同。我们不能指望读几本家庭教育的书就能立刻学会培养孩子，教育孩子。每一本书里可能只有几句话、几个方法让我们理解教育，并在陪伴孩子的过程中尝试使用。每一个家庭和孩子都是独特的，读书很多时候获得的只是一些力量和感悟，这样的书读得多了，通过长时间的积累，在陪伴孩子成长的过程中，你会不知不觉地去实践、去使用。教育的书籍或许无法教会父母如何教育孩子，却能够让父母在阅读中获得成长。读得多了，时间久了，就会自然而然地形成自己的一套亲子陪伴体系。

06 第六章
自驱型孩子
养成方案

现在教育界非常流行的一个词叫作自驱力，从字面的意思来理解，就是自我发动的力量。我们知道，汽车、飞机、轮船，凡是使用发动机的机器，都需要用类似钥匙的装置才能启动。虽然孩子不是机器，但人是有惰性的，很难实现自我启动。所以我下面要讲的是，孩子自我启动的钥匙其实掌握在父母的手中。

自我驱动力究竟是什么，很多人说是孩子的上进心、责任心和自我管理能力，其实这些只是表象，健康的自我驱动力是指人的控制感、胜任感和自主感。

我在做教育咨询的过程中，发现可以简单地把孩子分为两种，一种是被动的孩子，一种是主动的孩子。被动的孩子眼中没有什么神采，对任何事情都不是很感兴趣，你问一句，他答一句，答案都非常简单。而主动的孩子眼里充满光彩，对任何事物都会有好奇心，当你提出一个问题时，他们会从不同的角度分析回复你。很多时候他们还会把问题抛回来给我。主动的孩子都是具备自我驱动力的，那么自驱力究竟是如何发生的呢？

情景设定：

第一步：父母教——孩子做；父母不教——孩子不会做。

第二步：孩子尝试自己做，父母觉得动作太慢——告诉孩子怎么做，孩子得到的信息是：算了，不用自己试了，反正有人会教我。

孩子年龄小的时候，父母让孩子做——孩子就做；孩子长大了之后，父母让孩子做——孩子会有自己的反应：（1）我为什么要做？（2）为什么必须按照你说的去做？

而此时父母的反应：不做你将来就适应不了社会，无法独立。孩子的反应：适应社会和独立离我还很遥远，你的要求太高了，这个事情太难了，我太累了，我不想做。于是，父母和孩子之间开始发生矛盾和冲突。

以上只是我对亲子关系产生矛盾的过程，做了一个最简单的情景设定，实际生活中要比这个复杂得多。如果我们换一种沟通方式，结果就会完全不同。

一、自驱力建立模型

第一步：父母观察孩子，发现孩子在尝试某件事情。

父母的反应：你想做吗？鼓励——你可以试一试；支持——我可以帮助你。

孩子的反应：尝试——失败；再尝试——得到帮助——成功——我可以。

这样一个简单的步骤和场景，在孩子成长的过程中却总是得不到满足，尤其是在孩子的幼儿期。因为父母担心孩子危险，或者觉得他们年龄小、不会做、动作慢、需要教，我们不自觉地会说：别动、危险、小心、我来做。此时孩子在幼儿期就失去了尝试的机会和成功的体验。而一个有耐心的父母才可能让孩子完成第一步的体验，更好的父母甚至还能做第二步、第三步和第四步。

第二步：孩子对事情好奇。

孩子的反应：我想试一试。

父母细心观察，发现没有危险。

父母的反应：没关系，可以试一试；可以再换个方法试一试。

孩子的反应：成功了，我可以。

第三步：孩子想做某件事情，尝试后，失败了。孩子换了另一种方法再次尝试，又失败了。孩子向父母求助，父母耐心观察孩子尝试的过程。

父母的反应：鼓励孩子继续坚持；引导孩子自己尝试第三种方法；孩子成功后，认可孩子的努力和坚持。

第四步：孩子遇到了困难，积极想办法解决。父母相信孩子，勇敢地放手让孩子尝试。

从第一步到第四步的过程，看似简单，但却是孩子从练习做出决定到做出正确决定的过程。这个全过程的出发点都是孩子的主动需求。

孩子想做某件事情，再征求父母意见，经过尝试失败后再向父母求助。而父母在这个过程中始终都是观察、判断、信任、支持、帮助，孩子得到的信息是：我可以，这是我自己的选择，即使遇到困难，即使失败了，我也必须坚持下去。

从第一步到第四步，也是孩子逐渐长大的过程，经过了这个过程，当孩子长大后，他们就具备了一些能力，包括：

（1）不怕遇到问题，积极寻找解决问题的方法，是问题总能被解决——这就是成长型思维，对事情具备掌控感。

（2）我可以选择解决问题的方法——自主感。

（3）具备了解决问题的能力——胜任感。

（4）在我遇到挫折和困难时，父母始终会支持我——归属感。

在整个自驱力建立的过程中，父母的目的是培养一个在生活中能够正确行动和理性交流的孩子，这样的孩子更习惯并善于做出艰难的抉择，更具备坚持到底的勇气和精神。自驱力建立的模型看上去非常简单，但在实际实施的过程中，父母还是会遇到很多其他的问题。

二、自驱力不会凭空出现

家长们最喜欢问的一个问题就是怎么培养孩子的主动性和自我驱动力。有家长就曾经问我，孩子刚升入初一，感觉学科难度都增加了，家长觉得孩子学习拖拉，而且越来越不主动，脾气还越来越差，感觉是青春期叛逆了，怎么能培养孩子的自驱力呢？

其实这短短的几句话里至少包含了三个问题，首先孩子拖拉的原因是什么。可能是学科难度增加了，孩子能力不够，又不知道如何解决，所以变得拖拉了，如果是这个原因，先要和孩子分析各学科学习方法的问题。其次，孩子脾气为什么越来越差且表现叛逆呢？很可能是上一个问题的延续，因为孩子在新环境里，遇到的问题太多、压力增大、情绪烦躁。这种情况如果亲子沟通顺畅，家长能及时发现问题，给予支持，问题很快就能得到解决；如果没有养成亲子沟通的习惯，那问题就又回到了亲子关系建立的阶段。当然有些孩子很可能凭自己的能力可以度过这个阶段，这就需要孩子具备强大的学习能力、自我分析能力、自我调节能力。无论如何，如果能得到家长的支持和帮助，问题就比较容易解决。通过解决这个难题，也可以进一步搭建亲子之间的信任关系，孩子会觉得关键时刻父母还是能够帮助自己的，以后再遇到问题时，也会愿意向家长倾诉和求助。第三个问题才是自我驱动力建立的问题，孩子凭借自己的能力解决了难题，他就会开始相信自己是可以的，这就是我们一直在讲的掌控感。今后再遇到问题时，孩子就有勇气去挑战，逐渐找到自己最想做的事情，自我驱动力才能开始形成。而孩子现阶段首先要解决的是学业难度增加的问题，其次是亲子之间信任关系建立的问题，最后才有可能实现自我驱动。

父母教育孩子的目的，不是让孩子过你想让他过的生活，而是你帮孩子过他自己想过的生活。父母陪伴孩子长大的过程，不是你确定好跑道推着孩子去往终点，而是孩子一路跌跌撞撞，我们和孩子一起摸索着、寻找着属于他的山峰，鼓励他爬向顶峰，看他最想看的风景。父母要通过生活中的点滴琐事培养孩子的自驱力。那么该如何培养呢？

1.学会把掌控权还给孩子，让孩子对生活有自我掌控感，培养孩子自己做主的能力

什么是孩子的自我掌控感？在回答这个问题前，大家想想如下场景：两岁的孩子反手握着勺子，努力把饭喂进嘴里的时候；马上要迟到了，而你5岁的孩子还必须要自己系鞋带的时候；你给12岁的女儿讲关于交朋友的建议，她满脸不高兴地说："我为什么要听你的？"……你瞧，孩子都想自己尝试着长大，而我们因为担心他们弄脏餐桌、动作太慢或者是交友不慎，用各种办法要求他们按我们的意愿成长。而自我控制感就是孩子通过自己的努力可以完成任务的信念。

我们因为焦虑和不安，过度地关注孩子的生活、学业，让孩

子失去了对自己成长方式的决定权和控制感，而结果会有两种：一种是孩子非常乖巧、顺从，但他们却失去了选择和做决定的能力；另外一种就是，你说得再正确，我也不想做，因为那都是你关心的事情，与我无关。而这两种结果都不是家长想要的，那到底应该怎么做呢，答案是父母要做孩子成长过程中的观察者和顾问，抓大放小，陪伴支持。

2.培养孩子的胜任感

孩子从不会做到会做必须经历四个阶段。

虽然制定好了活动规划和考试计划，但无论怎么催促，孩子都不开始行动，这个阶段就是孩子胜任力的第一阶段——无意识的无能。无论你多着急，在孩子心里认为明天的考试应该没那么难，我应该可以搞定。而实际情况却是他根本就不会，这时候无论你多想提醒他、帮助他都要忍住，因为糟糕的结果必须让他来承担，你只要在他搞砸了之后安慰他、告诉他失败是暂时的，而吸取教训才更重要。第二阶段是有意识的无能，孩子明白了考试和活动并没有想象中简单，他必须得努努力，这时候他才会开始行动。第三阶段就是你最想看到的——有意识的胜任，孩子会发现当自己努力学习和工作之后，确实可以得到一个不错的结果。第四阶段叫不自觉的胜任，就是当能力达到了一定的程度后，孩子不用复习也能考个好成绩。

了解了这四个阶段，父母可能会觉得，说得很有道理，那我今天就不管孩子了，反正时间到了他自己就能胜任了。但我还是要给你泼泼凉水，因为这个过程可能比你想象的要长得多，而在这个过程中，父母要做的就是告诉孩子，我会尽我所能帮助你，但这毕竟是你的事情，我绝对不会强迫你去做。而父母一定不要做的就是不停地唠叨、今天管明天不管，你要表现出来的态度是，完成任务一定是孩子的事情，我相信你能搞定，如果需要帮助，我随时都在。

3.帮助孩子，找准自我，定义梦想

父母经常陷在各种各样的教育焦虑里，家长急，孩子累，但却总是找不到解决问题的方法，尤其是孩子年龄大一些的父母，面对孩子厌学、被动、佛系等问题，可以说是束手无策。而有一种方法是家长可以尝试的，那就是生涯教育。这种教育方法是让家长和孩子找到自己在不同阶段、不同情境下的角色，通过对角色的认知，了解自己的任务和责任，通过梳理自己的角色寻找现实中的自己和头脑中的梦想。

"生涯教育"这个词大家可能并不是很熟悉，我尽量通俗地来讲一下。我们在人生的不同阶段都在扮演着不同的角色，如丈夫的妻子、工作中的老师、孩子的妈妈、父母的女儿、朋友的闺蜜等。大家也可以列举一下你自己现阶段都有哪些角色，譬如我同时有5种角色。如果我没有把这些角色列举出来，其实我还是不自觉地在做着这5种角色的事情，而我自己很可能每天就糊里糊涂地过去了。而一旦清晰了自己的角色，在生活中我们就会有意识地进行切换，就不会把工作中角色的情绪带入妈妈的角色中，就会在每一个角色中做好该做的工作。当然，生涯教育也同样适用于孩子的教育。

在讲孩子的生涯教育之前，我们可以一起来看一个4年级女孩的故事。这个小女孩因为学习压力增大，开始有了畏难情绪，不愿意考试，变得很焦虑。有一次晚上11点了，孩子还没有做完作业，妈妈索性带孩子出去散步、讲故事、聊梦想。孩子忽然问妈妈："你认为我是合格的女儿吗？我除了是你的女儿还是什么？"妈妈答道："是啊，你除了是女儿、是学生，还希望自己可以是什么呢？"孩子说："我希望自己是一个海豚，可以救人；希望自己是达·芬奇，想和他画得一样好，去追求美的艺术气质。"孩子的回答让妈妈震惊了，孩子提出这样的问题和做出这样的回答，说明孩子内心有自己的期待，在构建一个理想的自己。我们要让孩子明白，他们除了是父母的孩子、是学校的学生，还可以有自己想成为的角色，而这个角色和他们喜欢做的事情及感兴趣的人物有关，他们通过自己的努力最想做成什么事情，最想成为像谁一样的人非常重要。我们一旦知道了孩子这些小小的念头和想法，就要引导孩子深入思考，把理想中的自己和现实中的自己联系起来。要想实现梦想，应该意识到第一步马上要做的是什么，当孩子的行动和梦想有关时，他心里的光就会被点亮，大脑中的发动机就会被启动。

三、自驱力养成关键——发展四大核心能力

　　传统的学习模式已经开始发生改变，教育者们开始思考从如何教转向如何学，从结果转向过程，从机械操作转向知识的运用，学生不再被看作接受知识的容器，而是知识的构建者和生成者。很多创新型学习方法正在被使用。孩子们更喜欢和接受理解性学习，他们也开始理解知识和能力是可以迁移的。过去的学生只要具备了学习知识的能力就可以脱颖而出，而未来社会对人才有了更高的要求，孩子必须做到四个学会才能走向社会。这四个学会是：学会认知，学会做事，学会共同生活，学会生存。而培养这四个"学会"的核心就先要培养四个核心能力：自我认知能力、学习能力、阅读-演讲-写作能力、学术研究能力。通过实实在在的核心能力训练，让孩子在早期成为主动的学习者、深入的探究者、高效的输出者，甚至是一件事情的开拓者；让孩子从自我认知、心理状态、学习状态、课外活动、专业兴趣、未来选择与规划等全方位得到赋能。培养孩子四大核心能力的目标是，让孩子发生如下变化：成为一个了解自己的人，成为一个主动学习的人，成为一个主动思考的人，成为一个主动发现问题的人。

　　（一）自我认知能力（Self-awareness）

　　著名心理学家威廉·詹姆斯（William James）曾经说过：

"我们这个时代最伟大的发现，就是人们可以通过改变对自身的认知，继而改变自己的生活。"

自我认知是孩子做很多事情背后的原因和源动力，是孩子处理自己与外部世界关系的行为特点，是孩子的内在诉求，是孩子最关注和看重的东西，也是每个孩子最深层次、最不一样的特质。拥有清楚明确的自我认知的孩子可以平和高效地处理自己与自己、自己与身边人、自己与社会和世界的关系，坚定地探索和发展自己的兴趣与天赋，做出卓越的成就，因而自我认知是孩子从被动变主动的第一步。

父母和老师可以通过和孩子平等地聊天，让孩子讲出自己最喜欢、最幸福、最兴奋、最讨厌、最烦恼、最伤心的故事。这个聊天的过程必须是平和的，不带父母评判和价值观引导的，让孩子放松地、主动地讲出自己的感受。我们需要把这些内容记录下来，当我们回看记录下来的内容时，从一些有趣的细节中就能梳理出孩子对自己的自我认知。

1. 自我认知聊天技巧

（1）在和孩子聊天的过程中，要时不时给到孩子热情坚定、鼓励信任的眼神，让孩子精神放松。对于活跃的孩子，我们可以和他玩起来，如果孩子愿意肢体接触会更好，不要给孩子设限制，孩子蹦蹦跳跳、串来串去、好奇你在记录什么都很正常。要

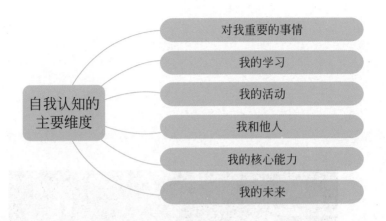

努力和孩子做朋友，让孩子觉得轻松愉快、愿意表达和分享。

（2）真实是最有力量的：情感、表情要真实可靠，让孩子愿意安心和你倾诉。

（3）聊天全程要做记录：

要不加自己的加工和解读去记录，关键的部分要用孩子的原话记录，关键点每一个字都不能放过。

记录的时候可以慢一点，没记完可以等一下，如果没有记全，甚至可以问一下孩子刚才说了什么。在记录的时候，可以问一个简单的问题，例如："还有吗？""还有什么？""还有什么例子？"，让孩子在我们记录的时候保持思考，而不是什么都不干。

自我认知聊天做得好，关键的地方记录得详细，可以挖掘出

很多孩子内心的东西，可以对孩子的行为、爱好做总结和分析。通过孩子讲述的精彩细节分析出孩子的自我认知能力，了解孩子最看重的东西、孩子的各项特点、孩子的优势和劣势、孩子面临的问题和挑战，以及孩子接下来需要加强的能力。

绝大多数孩子可能没有经历过这样的聊天，这也可能是他们的第一次，所以家长和老师一定要有耐心，而且要用正确的方法。

（4）父母要和孩子定期回顾孩子最近做的事情和重要的人生体验，不断去启发和明确孩子的内在力量，并在真实的体验和感受中，和孩子讨论更深入的自我认知话题。例如：对我最为重要的经历和人，它/他们对我的影响是什么？我心中的自己是什么样子？我哪些方面是非常厉害的（各种场景，自己做事情的时候、大家一起做事情的时候，等等）？我对什么感到非常痛苦和害怕？我的处世原则是什么？我未来要成为一个什么样子的人，我想创造什么，我想改变什么？我长久追求的东西是什么（延伸到信念和理想，以及长久的自我驱动性）？

2.自我认知聊天方法

可以列出一些基础问题，如果问完一个基础问题觉得还有精彩的东西没有讲出来，一定要继续问下去，可以换不同的方式、不同的问法提问，尽量让孩子讲出心里所有的事情，如感受、体验、经历和选择，重点信息逐字记录，精彩的细节可加粗或者标红。

（1）关于日常生活与近况

包括但不限于：

- 最近状态怎么样？

- 最近有没有好玩、开心、不开心、印象深刻的事？

- 平时喜欢做什么事？为什么喜欢？做这些事情的感受和体验是什么？收获是什么？到底为什么喜欢？

- 平时不喜欢做什么事？为什么不喜欢？

- 平时会不会看书？喜欢看什么书？为什么喜欢？喜欢哪些人物、情节、细节、原理、概念？看完书之后会不会尝试写一些东西？

- 有没有什么烦恼？

- 过去有没有什么特别开心或者不开心的经历？

- 过去有没有很特别的经历？

- 有没有做过特别让你有成就感的事情？

- 有没有做过特别后悔的事情？

（2）关于校园生活与学习

包括但不限于：

- 在学校怎么样？

- 目前在学校学习的科目中，各科成绩怎么样？喜欢哪个科目？为什么喜欢？不喜欢哪个科目？为什么不喜欢？

- 你觉得为什么要学习？学习的意义是什么？

• 你有自己的学习方法吗？不同的科目你是如何学习的？你是怎么预习的？是如何复习的？上课做笔记吗？怎么做笔记？你会不会做知识点的总结归纳的梳理？会不会画思维导图？会不会做错题的总结和复盘？

• 你对现在的成绩满意吗？你想成为学霸吗？知道如何成为学霸吗？

• 你觉得你在学习的哪些方面需要提高？

（3）关于人际与亲子关系

包括但不限于：

• 你喜欢交朋友吗？朋友多吗？你的朋友是什么样子的？

• 对妈妈是什么印象？妈妈平时对你怎么样？对妈妈哪点很满意，哪点不满意，希望有哪些改变？

• 对爸爸是什么印象？爸爸平时对你怎么样，对爸爸哪点满意，哪点不满意，希望有哪些改变？

• 爸爸妈妈平时是怎么教育你的？

• 和爸爸妈妈在一起的时候是什么感觉？

• 爸爸妈妈对你有什么期待？

• 最近和父母探讨过什么事？

（4）关于优势、劣势与独特性

包括但不限于：

• 你觉得你哪方面特别厉害？

- 哪方面还需要提升？

- 你觉得你和其他同学不一样的地方有哪些？

- 你觉得非常重要的事情是什么？

（5）关于未来

包括但不限于：

- 未来想成为什么样的人？

- 想过什么样子的生活？

- 想做什么事情？

- 想创造什么或者改变什么？

- 近期的目标是什么？

- 长期的目标是什么？

（二）学习能力（Learning ability）

学习能力是核心能力中的基础能力，直接影响孩子的在校成绩，决定了孩子对世界上各种事物的认知深度。拥有强大学习能力的孩子，可以高效地吸收周围世界的复杂信息，快速处理、理解和判别有价值的信息，并转化为自己的知识，为己所用，使思维得到扩展与成长。

1.如何培养孩子的学习能力？

（1）重塑学习能力训练：对任意知识模块进行总结归纳与知识体系的梳理，找到最适合自己大脑的知识结构，有效输出知识，查漏补缺，强化对知识点的全面理解，训练培养学霸的学习方法与思维模式。

（2）培养学习能力的目标，包括但不限于：主动总结归纳知识体系的能力，找框架、找重点、找细节的能力，复习和复盘的能力，输出知识的能力，内化知识体系和"自成体系"的能力。

（3）我们发现，学习被动的孩子根本就不会复习，大多只会机械地接受灌输、死记硬背和刷题，学会如何高效复习、纠正对知识点的错误认知才是提升学习能力的基础。

（4）要学会把书本上的知识、老师讲的知识、别人的知识变成自己的东西，让自己的学习方法自成体系才能提高学习效率，真正地理解和掌握知识。

（5）还可以培养孩子主动总结归纳知识体系的能力，让学习变得目标明确、有的放矢。

（6）成为知识的输出者，促进知识的主动输入和内化。

（7）打通学科之间的界限，寻找知识点之间的联系，通过联系的思维来理解知识。

（8）培养孩子的学习能力，可以先从一个科目入手，无论是哪一个科目，训练出的学习能力都是一种通用的、可迁移的学习能力。

（9）主动学习的能力和习惯必须通过长时间的、有计划的训练，才能真正成为孩子的核心能力，通过知识结构图的总结归纳和绘制，把抽象难懂的符号和复杂概念具体化、可视化，快速高效地把知识内化成自己的东西。

2.如何培养孩子主动学习的能力？

要明确培养孩子学习能力的目标，具体如下：

（1）掌握高效加工整理知识的方法，包括预习、记笔记、复习、记忆等。

（2）引导孩子去总结归纳自己的知识体系，寻找和打通知识点的联系。

（3）基于总结的知识点和知识体系进行知识输出和查漏补缺。

（4）在已经形成自我知识体系并且能够良好输出的基础上，尝试打破书本、学科的界限，探索不同知识之间的联系，构建更大更广的知识体系。

3.培养孩子具有学习能力的方法

第一步：选择孩子某一个最近比较弱的或者最感兴趣的或者最想提升的科目的课本，以及和这个学科相关的学习材料。包括这个科目的笔记本、错题本、练习册和试卷，及这个科目其他的学习材料。

培养过程主要分为三个部分：

（1）明确自己哪些学习环节做得比较好，哪些还不够好，以及需要通过训练进行提升或者达到的环节。

（2）自选学过的知识内容，先自己进行梳理，并进行初步的输出，也就是把自己变成小老师，讲一遍梳理的知识，通过初步的输出对已经学过的知识进行诊断，判断孩子是不是真的掌握得很好了。有没有一些并没有掌握好的内容，还讲不清楚的内容有哪些，有哪些还需要去借助其他资料才能弄明白，在讲解的时候是根据什么来安排先讲哪些再讲哪些的，有没有自己的逻辑，再来一次能不能讲得更好。

（3）对第一次输出进行总结反思，再次对知识进行梳理，进行第二次输出。两次输出都需要有讲解提纲或者思维导图，最后对比两次的输出内容，总结反思，找出不同。

具体步骤如下：

首先选择孩子要做总结的章节（建议从孩子的强项科目开始）；然后可以问孩子一些问题，比如：这个科目你目前学到哪里了？学完了哪几个章节？你觉得掌握得不太好的是哪些章节？那我们今天就从这个你觉得比较困难的章节开始总结好不好？

第二步：引导孩子对知识体系进行总结、归纳、梳理。具体方法如下：

• 让孩子根据自己的理解去整理课本上的知识点，他觉得这些知识点如何整理和总结是比较好的，是比较符合他的逻辑的。在这个过程中我们可以引导孩子，同时给孩子一些建议和提示。

• 孩子开始梳理知识导图时，我们需要观察和给予必要的帮助和指引，如引导孩子有逻辑、有层次、有结构地梳理知识点。

• 引导孩子找框架、找结构、找重点、找细节。

• 可以给孩子一些画思维导图的建议和提示，例如：

（1）画思维导图没有固定的模式和结构，但要体现自己的思维逻辑，搭建自己觉得最合适的知识结构。

（2）不照抄书上的原话，用自己的理解，用自己的话。

（3）不大段写文字，写关键词/关键信息，重点是找知识框架和结构，找知识点之间的联系，找到框架之后再填充重要的细节。

（4）多用形象的图、符号，把知识点可视化、具体化。

（5）可以先搜索一些思维导图给孩子作为参考，然后让孩子自主梳理，梳理的时候我们可以在导图形式层面进行引导，但是在知识内容方面尽量减少干预，在旁边认真观察找出问题。等孩子梳理完毕以后再以提问题的方式进行讨论引导，逐步完善思维导图。

（6）在完善思维导图过程中可以提醒孩子思维导图不仅仅是罗列知识，思维导图还可以作为小老师的"教案"，作为下一步输出的参考和依据，为后面输出做服务，因此要保证其逻辑清晰、知识点尽可能全面。

经过这样的训练，可以让孩子有很多方面的收获，比如：知识点之间的联系（从易到难），一个章节的一个小节内知识点的联系，一个章节内不同小节知识点之间的联系，跨章节知识点之间的联系，跨科目知识点之间的联系。

第三步：带领孩子实践费曼学习法。

什么是费曼学习法？费曼学习法是一个异常强大的学习方

法。一个加拿大人使用这种方法花一年时间完成了一般人需要四年才能学完的33门MIT的计算机科学公开课，并且通过了所有的测试。费曼学习法的核心是用自己的语言向一个"门外汉"来讲述知识，也就是所谓的"教才是最好的学"。在面对一个"门外汉"的时候，我们就需要用最简洁的语言来描述。在这个过程中，知识的输出者会讲着讲着卡壳，或者不能清楚地描述自己对知识点的理解，同时"门外汉"也会不断发问，促使知识的输出者不断查漏补缺，清理自己的知识盲区。通过多次的反馈和迭代，知识的输出者脑中的信息不断地被整合、被深入理解，知识的输出者会从无序到有序、从被动地接受输入到主动地理解，使知识从"别人的东西"变成"自己的东西"。

那么，如何带孩子实践费曼学习法？

• 当孩子把一个章节的知识梳理得差不多的时候，可以请他来给我们讲讲他梳理的知识点，让他来当老师，我们来当学生，孩子的目标是把我们教会，给我们讲明白。

• 在使用费曼学习法的过程中，我们要多询问孩子一些问题，也可以做一些知识的延伸。

首先，看到一个知识点时，要开始进行思考和发问，如：这个知识点（知识点包括概念、公式、符号、模型、词、句、段，等等）是什么意思？你的理解是什么？书上是怎么说的？下面我们就来举例说明。

第一例：$\sin x$怎么理解？$\sin x$的曲线是怎么画出来的？

第二例：质数是什么？知识点延伸问题有：最小的质数是谁？互质数是什么意思？什么是合数？质数跟合数有什么不同点？所有的质数都是奇数吗？所有的奇数都是质数吗？质数相乘一定是合数吗？

第三例：π是怎么来的？坐标轴是怎么来的？

第四例：$R=U/I$和$R=\rho L/S$有什么关系？

了解了基本的概念后，我们还可以继续延伸发问，如：

（1）这个知识点还在哪里出现过？

（2）这个知识点和另外一个知识点的关系是什么？与这个知识点相关联的知识点还有哪些？知道了这个知识点可以干什么？

（3）一般会怎么考这个知识点？

（4）关于这个知识点可以举一个具体的例子吗？

（5）这个知识点分支下面还有什么细节和其他知识点是漏掉没有总结到的？

（6）课本中这一段文字的关键信息是什么？关键知识点是什么？重点是什么？除了重点之外还有哪些细节要注意？

其次，寻找跨学科知识点之间的联系问题，下面举例说明。

第一例：物理干电池模型中在溶液中的碳棒和锌棒发生了什么化学反应？

第二例：物理干电池模型中电流在溶液中是怎么流动的？

第三例：为什么给神经细胞一个刺激会发生电信号的传导？

第四例：除了自然的神经细胞，有人工神经细胞吗？

第五例：为什么心脏会有规律地跳动？

孩子在这个输出的过程中很可能会卡壳，碰到思维盲区和自己不理解的地方，我们要引导孩子去书里查找相关的内容，一起探讨后，重新输出；也可以引导孩子上网查找，然后一起探讨，重新输出。最后看孩子总结的知识框架是不是有条理、有结构、有细节，通过孩子的知识输出看孩子是不是真正地理解了知识点。

每个孩子的具体情况都不一样，我们要根据不同孩子的情况展开灵活多样的具体训练。

比如，对于低龄的不太爱学习的孩子，首先要抛弃给孩子贴的标签，相信孩子自己可以学会，可以讲出来，可以做一名很好的小老师，然后完全放低自己的姿态，变成"小老师"的学生，变成一个"好奇宝宝""爱提问的学生"，通过不断提问的方式引导孩子梳理知识、增强知识掌握程度；对于比较成熟的孩子、知道自己学习有痛点的孩子，可以采用"榜样激励法"，比如直接讲厉害的小学霸能将一个高深的、我们完全不知道的知识讲得明白，真的成了我们的老师，所以你也可以成为一个优秀的、厉害的小老师。

学习能力训练的核心是：

（1）发现孩子学习上的问题；

（2）引导孩子一起探索解决问题；

（3）发现孩子的改变，让孩子自己发现自己的改变（看待知识的角度，对待知识的态度，是否能够打破知识的界限，甚至是情绪的变化等都是改变）；

（4）及时鼓励肯定，给孩子树立自信；

（5）记录仍需改进的方面，作为以后训练的切入点。

上述方法将会培养出孩子以下很多能力。

（1）总结归纳能力（基于知识点）。即总结自己的知识体系，寻找知识点之间联系的能力，如：

• 可以对一个小节下的知识体系进行梳理，画出知识导图；

• 可以对一个章节下的知识体系进行梳理，画出知识导图；

• 可以对多个相关章节的知识体系进行梳理，画出知识导图；

• 可以对整本课本的核心知识体系进行梳理，画出知识导图；

• 可以对某一个学科的全部所学内容进行梳理，画出知识导图；

• 可以对多个相关科目的知识体系之间的关联进行梳理，画出知识导图。

（2）掌握费曼学习法的能力（基于知识点）。如：

- 可以对一个重要的知识点进行费曼学习；

- 可以对一个小节/章节下面的几个零散的知识点进行费曼学习；

- 可以对一个章节的知识体系进行费曼学习；

- 可以对多个相关章节的知识体系进行费曼学习；

- 可以对整本课本的核心知识体系进行费曼学习；

- 可以对某一个学科的全部所学内容进行费曼学习；

- 可以对多个相关科目的知识体系之间的关联进行费曼学习。

（3）发散性思维的能力（基于题目）。如：

- 可以费曼输出一道之前做过的题目的意思、题目的要求以及答案，分析自己为什么做对/做错了这道题，把这道题讲明白；

- 基于这道题，发散出和这道题相关的、尽可能多的其他可能会考的题目（出题），想到尽可能多的题目和题目类型（甚至想到与这个题目相关的其他题目的可能性的全集），并且独立完成求解，进行费曼输出。

（三）阅读-演讲-写作能力（Reading & Speaking & Writing ability）

阅读-演讲-写作能力即输入和输出的能力，是核心能力中的基础能力，是孩子和这个世界交互的必备能力。拥有强大输入和输出能力的孩子，可以基于输入内容快速形成自己的观点与见解，并且可以清楚地向他人传递和分享，建立良好的人际关系，帮助和影响身边人，感受自己的社会价值。可通过泛读与深度精读、复述练习、翻译练习、观点讨论、演讲与辩论、质疑与批判、创意写作等多个模块训练孩子对于信息的理解吸收、思考处理和输出表达能力，打通阅读的全闭环，启发孩子从被动接纳到主动思考的转变，让孩子和书中的榜样产生共鸣，给孩子种下一颗理想的种子。

传统上大家认为主动阅读就是孩子喜欢读书、读大量的书，而不是吃透一本书，但培养孩子主动阅读能力的方式，其实是要

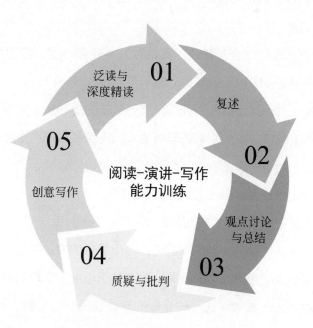

通过让孩子"复述"的方式，训练孩子把文章或者段落讲给我们听，通过输出的方式倒逼输入。这样的训练才能让孩子主动去理解和吸收信息，而不是只是被动地读了故事的内容。因为孩子需要复述阅读材料，所以他必须要把读的内容消化理解，才能把故事讲出来、讲清楚，而带着思考的阅读才叫作主动阅读。有效的、主动的阅读可以把读到的东西变成自己的理解，然后进行总结和批判性思考，并且可以把这些思考应用到生活中去。

通过主动阅读能力的训练，帮助孩子树立理想。在为孩子选择阅读材料的时候，我们可以多选择一些人物传记。通过对这些人物传记的阅读，可以在孩子心里树立榜样，孩子也会像书里的榜样人物一样树立自己的人生目标，比如我要建立一个目标，我要用我的能力为他人服务，我要努力突破舒适圈，我要挑战自我、学习更多的知识和能力，甚至是我要改变世界。

通过主动阅读能力的训练，培养孩子的批判性思维能力。让孩子通过阅读、讲述，真正理解他人的观点是怎样产生的，他人产生观点的结构和逻辑是怎样的。通过讨论和总结，进一步形成自己的观点，表达自己的观点。

通过主动阅读能力的训练，培养孩子即时反应的质疑能力，让孩子养成"我听到的是真的吗，这个是对的吗"的质疑习惯。

通过主动阅读能力的训练，培养孩子思考信息和信息之间联系的能力。比如如何让一些零散的想法变成一个完整、有细节、

有逻辑、有高潮、有趣味的故事。

通过主动阅读能力的训练，培养孩子的逻辑思维能力。经过阅读材料的复述、总结、讨论可以锻炼孩子主动思考、发现问题的能力，比如故事的逻辑成不成立，前后的因果关系是不是合理，结局是不是经得起推敲。

通过主动阅读能力的训练，培养孩子博弈的能力。博弈能力就是让孩子理解自己的想法和看法并有效地表达的能力。比如你的观点和表达是不是符合社会的普遍认知，你的观点是否会引起其他人有什么反面的观点，其他人的互动和讨论会不会影响你故事的走向。通过训练博弈思维，孩子可以树立自己的人生观和价值观。另外，博弈能力也是做人的核心能力，是孩子未来走向社会的社交能力和生存能力。

如何培养孩子主动阅读的能力？

第一步：阅读与复述。首先我们要了解孩子喜欢读的书，为什么喜欢读这些书，孩子读书时的感受、思考和收获。孩子是如何读书的？他们读书的时候会不会主动思考、深度探究？

培养孩子主动阅读能力的具体步骤为：

（1）先和孩子沟通，了解孩子的阅读习惯，和孩子聊对阅读的理解，启发孩子表达，接下来要和孩子一起探索阅读的好方法。

（2）启发孩子思考，思考为什么要做阅读－演讲－写作训练。

（3）思考阅读有什么作用，为什么大家都觉得阅读非常重要，你在以往的阅读中有什么收获。

（4）思考演讲与表达有什么作用，为什么大家都觉得这项能力非常重要，你喜不喜欢演讲和表达。

（5）思考写作有什么作用，你喜欢写作吗，你为什么觉得写作特别难。

（6）思考阅读能力闭环是什么，你觉得读完之后再讲一遍有必要吗，你读完书后喜欢和他人进行观点讨论吗，你喜欢把自己的观点写出来吗。

当我们要求孩子阅读完材料后必须复述的时候，很多孩子都会有畏难情绪，所以我们要从孩子的心理出发，激发他们求知的欲望。我们可以先复述给孩子听，当孩子愿意复述的时候，我们一定要认真地倾听，给予积极的反馈，主动提出问题，和孩子一起讨论、一起思考。

在培养孩子主动阅读能力的过程中，我们应该如何提出问题呢？

（1）直接提问：你觉得这个故事讲了什么？

（2）构建支架：你觉得怎么能复述得更清楚呢？我们可以借助一些工具，比如科普类文章借助中心词绘制思维导图，故事类文章可以根据情节绘制情节线。

（3）支架升级：当孩子对阅读感兴趣时，我们可以让孩子进行复述，要求他在固定时间内讲完故事。这个方法可以引导孩子关注故事中最主要的情节，将故事情节串联成故事的支架（骨架），常见的故事支架是"以主人公为线索做了×××事件，以地点转移、情感变化、时间变化为线索，按照情节做因果分层"。

（4）增加细节：刚刚我们讲了这个故事最主要的情节，那你觉得有哪些细节是我们再讲这个故事的时候也得复述出来的呢？

第二步：观点的讨论。可以选取故事中有意思、有深度、有矛盾、有冲突、复杂、值得反复思考和推敲的主题及问题来进行讨论，引导孩子形成自己的观点并表达出来。同时基于文中的内容、自己的分析及自己的真实生活经历对观点进行支持。这一步可以画思维导图，思维导图的中心可以是观点，分支可以是支撑观点的内容、细节和分析；也可以是讨论的主题，分支可以是不同的观点，不同观点下面更细的分支可以是支撑每一个观点的内容、细节和分析，我们可以积极参与，和孩子进行观点的讨论和辩论。

在观点讨论的部分，我们也可以主动提出一些问题：主人公为什么要这么做？有没有更好的做法？你认同作者表达的观点吗，为什么？你觉得作者为什么要这么写？

第三步：创意写作。这个部分属于思维升级和观点输出的部分，也是对孩子而言最有挑战的部分。可以按以下步骤来执行：

（1）引导孩子深入思考和发现故事的核心内容。

（2）这个故事哪里没有写出来，没有写到？是否可以补全？

（3）故事的背景是什么？故事发生之前的故事可能是什么？

（4）故事发生之后的故事可能是什么？（续写故事）

（5）如果故事中的一个东西改变了，故事的走向可能会是什么？（预测）

（6）如果这个人物处在不同的时代和时期，会经历什么？会发生什么不同的故事？

（7）如果把故事的主人公换成别的角色，故事会变成什么样？

（8）基于所阅读的内容或者孩子个人的过往经历和感受，孩子愿不愿意写一个自己的故事或者创造一个新的世界？

（9）可以引导孩子梳理出创意写作的框架（完成这一步可以画思维导图，思维导图的中心是创意写作的主题，分支是创意写作的元素，比如人物、故事、情节等），甚至可以简单创作。

（四）学术研究能力（Research ability）

学术研究能力是核心能力中的高阶能力，是指孩子可以依照自己的兴趣与关注点，找到并沿着一个细致的专业或学术方向，去做深入的研究与探究，吸取前人的经验与成果，提出自己的独创想法并去检验它，通过不断的实验和试错，通过科学合理的方法论得出具有创新性的成果和见地。

培养孩子学术研究能力的目的有：

（1）引导孩子深入思考某一个或某一系列自己感兴趣的话

题、问题，学会辨别、筛选信息，构建属于自己的知识体系，进而形成解决问题的能力。

（2）终极目标是培养孩子解决或尝试解决一个世界上从未有人解决或彻底解决的问题的能力。

（3）核心目标是通过不同的课题去训练孩子通用的探究问题、解决问题的能力。

（4）引导孩子在自己喜欢的方向上做长期深入的研究，培养孩子坚韧的好奇心和创新精神，走出独一无二的学术探究之路。

学术研究能力的培养可以分为两个阶段：

（1）基础学术认知阶段：选择一个感兴趣的学术研究方向，主动搜集和阅读分析相关学术文章与材料，进行学术研讨，形成对一个学术研究方向的全面认知。

（2）学术研究能力训练阶段：深入研究感兴趣的学术课题，学习和实践学术研究的关键步骤，了解如何进行学术创新，产出个性化的文献综述与研究方案。

很多家长觉得，孩子年龄小，有必要做这么高大上的学术研究能力的训练吗？其实学术研究能力这个名字听上去很深奥，但实际上无论孩子年龄多大，都可以培养和训练，因为它可以锻炼孩子多方面的能力，具体包括：

（1）从感兴趣到深入研究一个方向的能力。

这种训练可以培养孩子对某个学科方向的深入认知能力，让孩子明白如何真正了解一个学科领域。家长经常觉得孩子对什么都不太感兴趣，不知道如何找到孩子感兴趣的方向。如果孩子没有真正接触一个自己感兴趣的领域，说不出来到底喜欢哪个是非常正常的。我们可以引导孩子去深入理解某个学科方向到底包含什么，这是进行深入研究的一个前奏，如果孩子开始对某一学科方向感兴趣，我们就可以从孩子的兴趣出发，迈出由喜欢到研究的第一步，从而获得可迁移的方法和能力。

（2）培养孩子了解一件事情全貌的能力。

学术研究能力可以让孩子学会如何去科学全面地了解一件事情的全貌，并且做出最适合自己的选择，教会孩子如何客观地做最优选择，让家长把选择权放心地交给孩子。比如针对沉迷于手机的孩子，可以带孩子做沉迷手机的课题，让孩子从宏观的角度去看待游戏，打开思路后，从有意义的课题中改变孩子的行为习惯和认知。

（3）培养主题式、项目制学习的能力。

当孩子对于一个领域有了基础认知并且验证了他的兴趣之后，通过进一步的学术研究，可以持续对该主题进行深入研究，从而对某个大方向的其他细分领域或者周边领域持续深入认知，甚至能比较早地确定自己未来可能选择的专业方向。

（4）培养孩子独立做判断、做选择的能力。

孩子对感兴趣的方向进行研究的同时，会开始思考学习的意义、做学术的意义、科学研究的意义。因而除了学习好外，还要学会用自己擅长的能力解决一些社会问题，帮助更多的人；用学术的影响力，改变一些错误的行为或观念，帮孩子找到目标和梦想，树立正确的价值观。

（5）批判性思考与学术创新能力。

学术研究可以培养孩子思考和问问题的习惯，只有学会了问为什么，才能开启研究和探究的第一步。学术研究同时也可以培养可迁移的研究能力，为孩子今后在其他领域的研究做好能力储备。

通过深入的探索和实践，我们发现孩子的四大核心能力，即自我认知能力、学习能力、阅读－演讲－写作能力、学术研究能力，是可以通过有效的方法、长期的实训来培养的，通过反复的练习和实践，这些能力会成为良好的习惯伴随孩子终身成长。而这些能力又会作为可迁移的能力陪伴孩子走向未来社会，无论面对多少变化，面对多么复杂的状况、多么有挑战的困难，孩子通过自己的学习能力、分析总结能力、思考讨论探究能力，都能找到行之有效的方法。在未知和困难面前，培养一个有学识、有方法、有胆量、有决策的孩子才是父母的目的和梦想。而具备这些能力的孩子也一定是积极主动的孩子，是具备了自我驱动力的孩子。

四、0 ～ 18岁孩子的核心能力规划路径

在我和家长、孩子广泛接触的时间里，我发现无论是挖掘孩子的特长爱好，还是为孩子做学业规划，都离不开一些核心能力的培养，学术、运动、艺术这三方面尤其突出。凡是在这三方面做好了充分准备的孩子，是不用担心挖掘不到孩子的亮点的。就算是孩子没有突出的特长，但通过前期核心能力的培养，也能把孩子的能力相关联，做出有特色的活动规划。所以孩子核心能力培养这个概念在我的头脑中变得越来越清晰，我也一定要把这个培养路径整理出来，分享给大家，让我们用清晰的教育思路来陪伴孩子成长。为了更加直观地表达核心能力培养的关键节点，我按年龄来为大家做一个0 ～ 18岁孩子培养路径的规划。

第一阶段：0 ～ 3岁

（1）语言的输入：从婴儿来到世界的那一刻起，他们就开始了探索和学习。每一位妈妈应该都能清晰地回忆起，宝宝吃饱后滴溜溜转动的小眼珠，这时候妈妈只要亲切地和宝宝交流，他们就好像听懂了似的盯着妈妈的嘴巴看，仿佛想探究妈妈在说些什么，这些声音是怎么发出来的。是的，从这一个画面我们就能明白，只要是声音都会输入到孩子的语言系统中。如果养育孩子的人总是和孩子说同一种语言，那孩子就会慢慢听懂一种语言，直到他能模仿出来为止，如果养育孩子的人同时和孩子用两种语言沟通，孩子就能够模仿出两种语言，而且并不会混乱。据科学

研究，孩子在10岁前不同的语言会输入到大脑的不同位置，到了10岁以后语言就共用大脑的同一个区域了。所以如果家庭里有条件进行双语交流的，从孩子一出生就可以进行双语的输入模式练习了。

从孩子出生的第一天起，我们输入的语言内容就是孩子学习的开始，我们要和孩子进行高质量的沟通。我们给孩子输入的内容越有质量，孩子能够模仿时，他们输出的内容也会越有质量。当孩子醒着时，我们就要和他多讲话，因为宝宝还不能和我们沟通，妈妈们单方面地说话确实会感觉有些枯燥，但慢慢你就会发现，当你说到孩子能够理解的一些内容时，他们的眼神或者动作就会很热烈，这就是建立亲子关系的最佳时期。当孩子会输出时更要充满耐心，多和他们沟通，这样不但能满足孩子的好奇心，也能够促进他对知识的无意识学习，这也是轻松学习的良好基础。这个阶段输入的质量可以用睡前阅读和亲子阅读的内容来保证。所以孩子的语言能力是0～3岁这个阶段的核心能力。

（2）运动能力：俗话说"三翻六坐七爬"，这是咱们的前辈们给孩子成长总结的规律，虽说每个孩子的情况不同，时间还是会有些不同，但规律是相似的。所以家长要按这个普遍规律来引导孩子运动能力的发展。我发现爬得好的孩子协调性都比较好，而且学走路也很容易。会走路的孩子更要让孩子自己多走，不要孩子一犯懒就抱着他。当孩子能跑能跳了，家长不能因为怕危险这个不让走、那个不让爬，反而应在保护他们安全的情况下，让他们大胆尝试。当孩子害怕时，父母还要积极鼓励，给孩子做示范。提升运动能力不仅能够促进孩子身体健康成长，也是锻炼胆量、提升耐力的开端。

（3）艺术素养：要听悦耳的，欣赏他们听到音乐后起舞的快乐；要看美好的，不要干涉孩子绘画的内容，因为那是他们内心最真实的表达。

大家可能会说，0～3岁孩子实在太小，现在就开始培养也太着急了吧。确实，这个时期培养的关键词就是不着急，不能急着让孩子输出，不能在孩子和孩子之间做比较，每一个孩子能力呈现时间都是不一样的，但高质量的陪伴一定会为孩子能力的快速提升奠定坚实的基础。

第二阶段：3～6岁

（1）语言能力：该阶段还是以输入为主。孩子上了幼儿园，有机会和更多的人沟通，有利于他理解能力的提升，同时3岁前的输入也让他能理解动画片中的生活场景，听得懂音频故事里的各种逻辑和任务关系，再大一些当他们认了点字，也可以学着父母的样子讲睡前故事。这些能力都来源于0～3岁这一阶段的输入和模仿。不知不觉间我们会发现，孩子问的问题越来越不容易回答了，有时候我们还得搜索一下才答得上来。他们懂得也越来越多了，对于一个问题你们可以聊得越来越多了。这就是语言能力积累的关键期。

（2）运动能力：理论上讲，孩子在四岁开始就可以进行轮滑、滑冰这类运动的学习了，可是我还是觉得孩子太小。3～6岁孩子的运动还是应该以做游戏的方式为主，我孩子小时候我几乎每天都带一群小区里的孩子玩"老鹰捉小鸡"和"老狼老狼几点了"的游戏。小区里的滑梯、爬竿也是每天都要玩的，大一点还可以学自行车、滑板车之类的，但主要还是以游戏为主，这样我觉得可以保护孩子对运动的兴趣。我孩子是从5岁半开始学冰球的，当时从协调能力、耐力来看都已经可以了，这应该和从小玩户外游戏有关系。

（3）艺术素养：据我音乐学院的朋友讲，孩子从5岁半以后手指基本发育完全，此时就可以弹钢琴了，不过女孩和男孩好像还不太相同。我儿子是从5岁半开始学钢琴的，刚开始并没有请特别专业的老师，他的老师也还是以培养兴趣为主，弹得好了会奖励贴画或者棒棒糖给他，他也非常喜欢那个老师。7岁多的时候我给他换了一位专业的老师，刚开始他还坚持得不错，可是随着老师要求的提高，他练琴的痛苦就逐步升级。虽然钢琴老师说他很有天赋，希望他能向专业的方向努力，另外我为了保护孩子的兴趣，从来没有考过级，也没有进行大量枯燥的练习，但他还是没有坚持下来，在9岁的时候停止了钢琴的学习。但幸亏当时练了一些童子功，现在再想学习时也还能捡起来。现在弹钢琴已经是孩子放松的一种方法，而且他也能够欣赏一些古典音乐。所以我觉得在小的时候坚持学习一些音乐还是有益处的。我当时选择钢琴还觉得弹钢琴可以锻炼手眼协调能力，对大脑的发育应该是有好处的，当然并没有想过之后是不是会对升学有什么帮助。所以说艺术素养的培养，无论是音乐还是绘画，还是要以孩子的兴趣为出发点，不功利应该是不产生教育焦虑的比较好的心态。现在还有很多的学习方法，比如专门培养乐感的小乐队、各种绘画的兴趣学习方法等，都是以培养孩子兴趣为主的，有时间的话可以多尝试几种，说不定就能找到孩子的真爱。

第三阶段：6～12岁

（1）学术能力：6～12岁是打下孩子学术能力基础的关键期。这个时期的学术能力包括语言能力、逻辑能力、统筹能力、学习习惯的培养和时间的规划能力。

学术能力在这个阶段的核心呈现就是我们通常所说的语数英三科的能力。语言能力包括中文和英文的学习，孩子要通过学习语言培养理解能力、阅读能力和沟通能力。数学能力就是培养计算能力、逻辑能力、统筹能力。

另外，学术能力还应该包括科学能力，主要通过我们的科学课程来培养。但我们公立学校的科学课程非常地简单，所以家长可以引导孩子多读科学类的书籍，也可以多看科学类的视频。培养科学素养的好处是可以保护孩子的好奇心，锻炼他们对未知事物的探索和追问的能力。

要培养好学术能力，就必须培养好孩子的学习习惯、时间管理能力和统筹规划能力。

一年级到三年级，每天放学后学习的内容和时间要基本固定，可进行分段式计划。周一到周五尽量不要报课外班，以免孩子放学后的学习和生活时间被课外班和太多的意外情况打乱。

（2）运动能力：这个阶段如果不是对一种运动表现出特别的天赋的话，可以多尝试几种运动。但我的建议是一旦正式开始学习一项运动，就必须坚持两年，这样才能掌握这种运动的基本能力。多学几种运动，可以让孩子通过运动多交朋友；另外运动是一种独特的沟通方式，尤其是团队运动。我们会发现孩子在运动场上和朋友的交流方式跟在场下是完全不同的。当然运动的好处实在是很多，如培养坚韧不拔的精神、团队精神、抗挫折能力等，这里就不再一一细说了。

（3）艺术素养：这一阶段是培养艺术素养的关键期，我们所说的童子功基本上就是5岁多开始的，这个阶段基本就能够看出孩子的兴趣点了，剩下的就是坚持了。乐器的学习能不能坚持下来首先是看孩子的兴趣，剩下的就要看孩子和家长的坚持了。即使没有坚持下来，但从我的经验可以看出，学了就比不学强，坚持的时间长一点功底总是要深一点，长大了如果再想学也还算来得及，但要达到专业级别就非常困难了。

艺术核心能力培养的关键，就是尽可能地提升孩子在项目中的专业度，比如孩子喜欢舞蹈，就要尽可能地练习好舞蹈的基本功。舞蹈的功底是孩子的核心能力，而它的呈现方式会有很多种，如学校的舞蹈团、戏剧社，个人的舞蹈比赛、演出等，这些都是孩子展现舞蹈能力的舞台，也是呈现方式。这个道理也适用于唱歌、乐器演奏、绘画等艺术类的项目。

第四阶段：12～18岁

这个年龄段是孩子人生观和价值观形成期。有了我们之前打好的各方面的基础，孩子在这个阶段就可以根据自己的兴趣爱好，将各种能力交叉结合，寻找自己的学科方向和专业方向了。

孩子从小培养的核心能力首先是学术能力。语言能力（中、英文能力）让孩子具备了阅读能力，通过阅读能力的不断提升，理解能力不断深入，孩子开始主动阅读，主动学习，他们会通过网络、书籍搜索自己兴趣领域的话题，开始学会主动思考、深入探索。在这个过程中他们会使用不断追问的能力发现生活中或者自然界中的一些问题，当发现问题后他们会用寻找资源、解决问题的能力去寻求解决问题的方案。可以说孩子发现问题的能力就来自于他们的语言能力。那么他们解决问题的能力从哪里来呢？

解决问题的能力就来源于他们学习的理科知识。他们用语言能力认识世界、发现问题；他们用理科能力，也就是物理定律、科学规律、实验方法、计算公式来寻求解决问题的方法，分析问题，动手操作。当问题解决后他们又用语言能力撰写报告、论文，阐述解决问题的方法，总结出解决问题的经验，为后来的人们学习做参考。

以上就是我们总结出的孩子做成一件事情的方法和过程。在这个过程中，必须具备扎实的语言功底、科学的学科交叉能力、深入的思考能力和解决问题的驱动力。这些能力就是我们培养孩子学术能力的目标。如果各方面能力都发展得不错，孩子就会进入一个良性循环，不会因为某个学科太差而止步不前。当然如果孩子的某项天赋很强，他也可以围绕着自己的天赋做最大化的发展。

12岁到18岁也是社交能力的形成期。社交能力的主要呈现方式就是情商的培养，情商就是孩子在和人交往时的表现，比如热情、有同理心、乐于助人、愿意付出、舍得奉献，还有一种关键的能力是寻找资源、寻求帮助、解决问题的能力，但这些是我们独生子女时代的软肋。现在很多家庭只有一个孩子，全家的资源都给了这个孩子，全家的精力都用在了一个孩子身上，很多事情根本不需要孩子去思考，他们很多时候还没发现问题，父母就帮他们解决了。正确的做法应该是，发现问题时先不要急着替孩子做决定，可以和他们沟通，听听他们的想法。如果处理方法还可以，就让他们自己去做；如果解决不了再给出意见，商量解决方案。

最后一项能力就是思考能力，具体如下。

自我总结、自我纠错：这两种能力通常会体现在学习中，比如错误的学习方法导致学习成绩不理想，不及时总结总是发现不了问题的原因。从孩子上小学起，家长要在有效的陪伴中帮助他们学会总结学习方法，养成及时修改错误的习惯。正确的陪伴不是帮助他完成作业，而是带着他学会学习方法。因为如果放任不管，一个个小坑就会积攒成一个大坑，再想填难度就大了。

自我定位：该能力也可以体现在学校的学习中，比如这次成绩不好，会找借口说我这次就是粗心了，下次细心点成绩就能上升了；在团队里总是觉得其他人不如自己等。这些错误的认知会让孩子找不到努力的目标和方向，学科成绩会忽上忽下，人际关系也会时好时坏。我们要引导孩子正确面对失败的原因，让他们知道粗心不能成为成绩不好的理由，成绩不好的原因主要还是学习方法不对或者内容掌握得不够扎实。和同学相处时也要谦虚、多看别人的优点，多向其他人学习。

自我规划、制定计划：自我规划能力是树立个人远大目标的基础，只有了解了自己的真实能力，才能制定可行的目标，一味地追求自己能力达不到的目标是好高骛远，应该学会以自己的能力为起点，从小的目标做起，再制定中期规划和长期规划。只有制定了可以达到的规划，才会一步一个脚印地去实现，也有利于自信心的建立。

如果孩子在某方面兴趣特长十分明显，家长可以从以下几方面入手：

• 要从小围绕着他的主要特长从易到难地坚持培养。这个过程不但会让孩子把兴趣发展为特长，而且在申请国外大学时也可以体现出孩子在这个领域的激情。这种激情能成为孩子走向成功的驱动力。孩子通过特长就像是打开了一扇门，大门里面还有不同的房间，比如如果孩子喜欢绘画，那么他通过学习绘画，又可以了解博物馆、了解艺术家，还可以学习艺术史；通过了解现代化的艺术创作，又可能会去学习计算机，运用自己绘画的技能为校报设计封面，或去教别的孩子画画。

• 对于没有明显特长或者还没有找到兴趣方向的孩子，也可以通过从小培养的能力，去阅读、去探索，家长要做的就是寻找更多领域的资源，放手让孩子去尝试。这里说的尝试一定也是基于孩子从小发展出的一些能力方向，而不是没有目的地乱试。

• 从0岁到18岁，每一个阶段发展的能力关键点会不太相同，但我们可以看到每个阶段都是以前一阶段为基础的，各种能力之间也是相互关联的。每个阶段的成绩都是与前一阶段的目标完成结果相关联的。所以了解了培养孩子核心能力的路径，就可以有的放矢地走好每一步，在孩子成长的过程中我们就会有耐心、不焦虑，发现问题及时解决。我还是要和大家强调一下，要以孩子为核心，使用正确方法来培养核心能力。有了核心能力，就算孩子在某次考试中成绩不那么理想，我们也可以相信孩子一定能够克服困难，充满勇气地走向社会。

除了学术能力，孩子还需要具备以下能力：解决复杂问题的能力、批判性思维、创新力、人才管理能力、协作能力、情商、决策能力、服务意识、谈判能力、认知的灵活性。而这十项能力，都是软实力。所以孩子除了要提升学术能力以外，还需要培养更多的其他能力，包括但不限于：

1.自学能力

为提升自学能力，父母需提供时间和思考的空间，引导孩子自己去探索。一上小学，家长就会开始觉得孩子的时间不够用了，只要孩子在我们的视线范围之内，我们就希望他们在做作业、在读书，可是孩子的成长是需要留白的，他们需要时间去琢磨、去思考，很多时候他们更想自己学本事，而我们最不能给他们的恰恰就是时间。这样的学习模式让孩子失去了自我探索和培养自学能力的机会。

我们往往有一个错误的认知，孩子自己完成作业、自主阅读就是培养自学能力了，而其实这只是一个方面，事实上孩子自学能力培养的最佳时机是他对某件事情产生兴趣时。我孩子上小学后每周最花时间的事情就是拼拼图、拼乐高。大家都知道拼拼图和拼乐高模型是最花时间的，关键是孩子一旦开始就要花两三个小时才能停下来，为了不打乱孩子的学习节奏，我们就把每周五晚上作为专门的游戏时间段，用一整个晚上来拼拼图、拼乐高，中间也不用其他的事情去打断他。孩子用这个大段的时间沉浸在自己的世界里，去琢磨、去思考，不但锻炼了专注力，也培养了自主思考学习的能力。

我讲这些就是想告诉大家孩子的学习动力应该是来自自发的兴趣和热爱，当出现这样的学习状态时我们要尽力保护他们的热情，要鼓励他们寻找成功的方法、自主学习，探索成功后的感受会让他们更自信。而这些能力会通过一次次成功的体验留在他们的大脑里，为今后走入社会奠定基础。

2.思辨能力

很多家长可能都觉得孩子在小学阶段是最累人的，要管理他们的学习时间、提升他们的学习成绩，就算孩子在这个阶段不用整天来学习，但问题仍旧特别多，有些问题我们甚至也回答不上来。我们经常会感慨现在的孩子实在是太聪明了，什么都知道，什么都想知道。这是因为孩子在6岁之前已经具备了基本的听说能力，他们已经开始通过听故事、读书来学习更广泛的知识。前六年的睡前故事也让他们能说会道了，这就是我强调在这个阶段要开始学习科学知识的原因。自然科学知识能够让孩子开始了解地球，了解动物、植物。而科学是非虚构的，科学知识是孩子好奇心的来源，他们想知道这些在世界中生长的动物、植物的相同和不同之处，想了解它们的构造和关联，所以说他们的脑子里会产生很多问题。越是问题多、爱追问的孩子才是积极思考、主动探索的孩子。家长如果懂，一定要积极地参与讨论，引导孩子更深入的探索；如果不懂，就要和孩子一起想方设法去搜索、去查询。经常有家长说自己什么都不懂，也没法教他，其实不懂也是一件好事，家长可以和孩子一起学、一起懂，这样孩子不但学到了知识，而且还摸索出了学习知识的方法，反而是一举多得。采用这样的教育方法会让孩子掌握的知识更加多样，通过多追问、多思考，让知识之间产生联系，创造力才可能产生。曾经有一种错误的认知，说孩子小时候学了太多的东西，大脑就僵化了，会影响孩子的创造力。但创造力并不是天生就有的，它必须是在大量的基础知识的搭建过程中，不断地思考、不断地尝试，让知识产生关联，然后才能用已有的知识和能力去发现问题、解决问题。所以勤动脑、勤思考、勤动手，才是产生创造力的关键。

3.时间管理能力

孩子小的时候，集中注意力的时间比较短，有些孩子注意力集中的时间是15分钟，有些孩子注意力集中的时间也就10分钟，所以我在拼玩具或者是讲故事的时候都允许孩子走神。有一

段时间我儿子特别喜欢玩一种拼装小汽车，这种玩具零件都特别小，我就在床上把零件都分类地摆好，刚开始是教他怎么拼，可他拼一会儿就出去玩了，而我就继续拼。过一会儿他又回来了，先看看我的进度，然后自己再参与一会。虽说感觉他是三心二意的，但过了一段时间后，他自己也能独立拼这些小汽车了。所以有时候我们觉得孩子必须专心地坐在那里才能学东西，还要求他像大人一样坐很长时间，其实这对孩子来说是很难做到的。但只要大人坚持做事情，孩子都会学习、模仿，时间久了，习惯也就养成了。

根据孩子的特点，我在他每一个年龄段都制定不同的学习时间。四五岁的时候，20分钟休息一次，或换一个项目；上小学后，刚开始是30分钟为一个间隔休息或换学习项目；再大一点，就延续到40分钟，也就是学校里一堂课的时间。在孩子上小学之前，我当时还有些工作要外出，我就把孩子每天要做的事情写在计划本上，孩子按照必做项目和选做项目的顺序来完成，他每完成一个必做项目后就在项目后面打个钩，当必做项目都完成后他就会给我打个电话，开心地告诉我他已经完成了，可以做自己最爱做的事情了。我们后来把这个习惯保持了下来，后来把每一周的学习计划写在黑板上，每完成一项就在后面打钩，如果没有按计划完成就要把原因和补充完成的时间写在备注里，以便一周计划都可以完成。刚开始这个计划是我们俩商量，我写在黑板上，孩子二年级时就可以自己写，自己检查完成情况了。

4.抗挫折的能力

先和大家分享一个我孩子打冰球时的小故事。在一次加拿大教练的冰球集训中，孩子们分队射门，如果哪支队伍在规定时间内有队员射不进球，本队的队员就要集体受罚做仰卧起坐。我孩子当时已经很久没打冰球了，射门的技术不太好，所以每一轮他所在的队伍都因为他受到惩罚，队员们不仅语言上冷嘲热讽，甚至有几个人还用冰碴团成冰团砸他。在回家的路上孩子给我讲起这件事时，我当时都快掉眼泪了，因为第二天还是和这些队员一起训练，我很担心他不想再去参加训练了，可是孩子出乎意料地和我说："我当时是觉得挺难过的，可是教练看到了这一切后拍了拍我的肩膀，还利用休息的时间教我射门。作为同一个团队的人，当别人遇到困难时应该伸出援手，而不应该是嘲讽，我觉得他们做得不对，至少我明白了遇到弱者时应该伸出援手。"原来孩子的内心并没有我们想象中的那样脆弱，他不但坚持了5天清明节的训练，之后还让我联系教练来多增加射门的训练课程。

所以无论多忙，我都坚持让孩子参与运动，在运动中孩子可以通过一次次的失败来提升他们的抗挫折能力。因为低龄段的孩子对比赛结果要求也不会太高，所以很多时候孩子会觉得运动更像是游戏、压力小。失败了当时可能比较沮丧，其实沮丧也是一种应该体验的情绪，但他们知道通过之后的努力训练，还会有赢的机会。

5.主动寻找资源、寻求帮助的能力

我儿子初中就读于人大附中早培部。早培部从六年级起为孩子们开设了十几种研修课程，孩子每周有两个半天可以选择他们感兴趣的课程。我儿子在这三年选择了很多有意思的项目，比如生物解剖、微观化学、德语、计算机C++语言、中医、微电影制作等。虽然这些课程都只学习了一个学期，但都是专业老师带队，学生人数也不超过20个，给孩子带来了全新的知识。通过这些看似与学业无关的课程，孩子的知识面扩大了、眼界也拓宽了，这正是初中时期最正确的培养方式，即先广泛涉猎，再寻找自己的兴趣点，而这个广泛涉猎的过程又为多学科交叉奠定了能力基础。

因为学校提供的研修课程是孩子自主选择，所以我都尊重孩子的意见。记得有一个学期他的物理成绩不太好，老师会在研修课的时间提供物理知识的补习，老师建议他参加，但孩子早就想学微电影制作了，表示不想补课。我和老师都尊重了他的想法，所以这个阶段要培养孩子自己寻找资源、自己做决定的能力。总之，初中阶段是自主意识、独立意识形成的关键时期，在不违反原则的情况下，与孩子有关的事情都要先和他们讨论，能让孩子做主的就交给他们自己做，只有他们自己参与其中，才能更有兴趣、更有动力。

6.领导力

我自己非常喜欢看名人写的文章，但较少看那些世界级的伟大人物的，大多是看中国的二十世纪七八十年代那批通过努力学习从而获得成功的人的，比如俞敏洪、李开复。虽说他们成长的背景不同，但他们都是对自己有要求的人、有爱心的人。由于孩子从小喜欢数学和科学，我也会看乔布斯的传记，我也会建议他读一读这些名人的传记。我并不喜欢成功学、速成课这类的洗脑说法，我认为成功一定是通过日积月累的努力才能得来的，有些人努力了一辈子都未必会成功，不努力就更加不可能了。我会在日常生活中把这些看法告诉孩子，讲这些成功人士的故事给孩子听，让他明白光靠聪明是不行的，必须建立目标，勤学肯干。我知道这些说教并不能让他马上就能为自己树立什么目标，但至少让他看到成功的人是付出了怎样的努力，他们在成功的过程中也遭遇了挫折和痛苦。

所谓领导力，并不是说孩子当了班长，在班级里最有权力就是有领导力了。现在学校里班干部通常都是班主任先来指定某些人来担任班干部，班干部会承担一些老师指定的班级工作，很少有人会主动发现和质疑现在的工作方式有什么不足，并提出改进的意见。现在在很多优质学校里指定学生做班干部的情况已经发生一些改变，班干部也需要通过在班级参加竞选才能做，可是这种竞选有时候会显得有些敷衍了事，因为真正想当班干部的人并不多。一是因为他们也不清楚做这个班干部的真实意义，另外有很多家长担心孩子当班干部后会因为做一些班级工作而占用了学习时间，不支持孩子当班干部。

其实领导力的实际意义不是孩子的权力有多大，而是他们在自己的岗位上愿意用自己的能力为周围的人做多少服务。如果一个孩子愿意花时间、花精力为其他人付出，这就是领导力的一个表现。因为只有你愿意付出了，其他人才会需要你、才会相信你。作为一个领导，他通常要负责很多繁杂的工作，只想着自己的人当然不会愿意为别人做这么多的事情，不论孩子在班级里是不是班干部，只要他努力地在为大家服务，周围的人就能看到这个孩子发现问题、解决问题的能力，就会给他更多的任务和权力。

其次，有领导力还要懂得服从。我们会说孩子要有自己的想法，要标新立异、与众不同，才是有个人特色，但如果一个团队里每一个人都要按自己的主意做事，那这个团队一定就会是一盘散沙，什么事情也做不成。团队精神就是要大家在一定的规则下按要求完成自己的任务，最终才能共同完成团队的任务，所以服从要求是完成任务的第一要务，每个人都要学会服从。

另外，领导力的表现就是合作。在团队里你首先要明白自己的优缺点，根据自己的能力承担任务，同时也要知道其他人的优缺点，把大家的优点组合在一起才能更好地完成任务，提高效率。所以当你了解了其他人的能力后，就要相信你的同伴，相互信任可以让团队更有力量，也可以提高团队抗挫折的能力。

当孩子在一个团队里愿意付出、愿意服从、愿意合作，这些精神就会让他在团体里更加积极，会唤醒自身的优势，展现自己的力量。如果任务成功了，团队的成绩会让他有成就感；如果任务失败了，团队的挫折会让他更有责任心。通过在之前团队中的各种锻炼，当在一个新的团队中时，他就会敢于质疑，敢于承担责任，积极地发现问题，想方设法去解决问题。这样的孩子在团队中就会闪闪发光，这就是最好的领导力的表现。当他带领的团队完成了更多的任务、做出了更大的贡献时，他的影响力就自然而然地显现出来了。他也会更加地有责任心和使命感，更加努力地提高自身的能力，实现自我超越，愿意为更多的人服务。

为了培养领导力，只要有条件，就不要把孩子局限在课堂、课外班、完成作业三点一线的小圈子里，要试着让孩子走出去，去探索。可以去博物馆、去郊区探险，还可以去森林、去沙漠，甚至可以去国外的夏令营，让孩子每一个假期都要过得有意义。一旦发现了孩子感兴趣的活动，就要持之以恒地做下去，提供更有深度和广度的空间。对于低龄段孩子确实是以探索为主，但目的还是为了寻找孩子的潜能和兴趣点，所以越早找到、越早发展是更好的。

总之，教育是一门学问，家长要学会使用正确的方法，围绕着孩子的兴趣，充分调动起孩子自主学习的动力，再匹配合适的资源，才能一步步实现教育的最终目标。

五、找到天赋，实现梦想

为什么大多数人都说找不到孩子的天赋呢？最关键的原因是，我们对天赋的认知非常有限。

我们受到的教育不会让我们有意识地去发现和寻找自己及孩子身上的能力。其实每个人与生俱来都有着想象力、智力、直觉、灵性，这些能力会在我们的生活和学习中不经意地被使用，而我们却不会刻意地去寻找、观察和记录它。我们会用自己受教育的经验和方式去教育自己的孩子，受社会评价体系的影响，大多时候我们评估孩子的能力都是用相似的标准，几乎就分为两类：聪明的和不聪明的，智商高的和智商低的，爱学习的和不爱学习的。很多家长也会觉得孩子的能力是天生的，无法通过后天的学习和训练得到成长。但实际上，一些最杰出的、最有创造力的人在学校的表现并不是很好，很多人直到离开学校后，才开始逐渐发现自己擅长和感兴趣的事，才开始建立自己的目标和方向。而现在我们开始呼吁因材施教，鼓励父母和孩子一起探索和发现他们的天赋。由于社会教育制度无法在短时间内发生大的改变，我们更希望通过家庭教育来找到孩子的天赋，使之发挥特长，成为闪闪发光的自己。

　　究竟什么是天赋呢？天赋是一种定义自我潜能的方法，它在每个人身上的表现都不同。承认智力的多样性是天赋的一个基本原则，我们先要接受人是可以以多种方式思考世界的，一旦你发现了自己思考世界的方式，你就容易成为你自己想要成为的人。发现天赋意味着接纳新鲜的事物，从内心世界和外部世界中去寻找新的方法和新的道路，敢于为自己做主。

1.通过头脑风暴帮孩子寻找天赋

　　父母要引导孩子主动思考，当他在学习一门学科时，要学着反思，比如他会不会为解答一道数学题废寝忘食，在画一幅画时会不会充满灵感、充满激情。孩子在做运动时，也可以发现他们的特点，比如他的奔跑速度非常快，他投篮特别准，他专注力特别强等。孩子在和老师交往、和同学合作时，可以发现自己是不是擅长沟通，发现自己是内向的还是外向的性格。这些刻意的观察和反思，非常有助于发现孩子的天赋。

　　发现天赋有没有更具体的方法呢？我们也可以利用一些方法来实现：

　　（1）制作美好时光日志。制作一份活动日志，记录你什么时候感到投入或者充满活力，记录清楚哪个活动吸引了你、让你感兴趣，哪个活动让你感到无聊。

　　（2）思维导图法。选择三项活动，这三项活动应是能够让你全身心投入，让你有活力的事情，并制作三张思维导图。每张都要延伸到三到四层，最外层至少要有12个元素。挑出最感兴趣但完全不相关的三个词，把它们相互关联，很可能会有意想不到的发现。

很多人都发现，自己好像并没有什么特别喜欢的事情，好像也没什么天赋，怎么办呢？其实这个过程我也经历过。

我从中央电视台辞职十年后，也开始寻找自己的兴趣。这十年里我除了读过很多关于教育的书，几乎没做其他的事情。有一天我突然发现，我特别喜欢和人聊天，特别喜欢分享关于教育孩子的事情。通过分享帮助到很多家长，得到大家对我的认可和称赞，让我非常有成就感，我就觉得自己还是很有价值的。于是我每天安排家长咨询，然后还建了互助交流群，开始分享自己的经验，回答家长提出的问题。身边的朋友说，你每天几乎24小时在线，不累吗？可是我自己真的不觉得累。因为我在做一件我最擅长而且非常热爱的事情，我发现我的天赋是通过和人聊天、通过答疑来帮助家长和孩子，尤其是当我和孩子聊天时，引导孩子找到自己的兴趣点，他们那闪闪发光的眼睛会给我巨大的动力，让我有非常强烈的成就感，这种成就感也激励着我做了更多的事情。我相信世界上喜欢聊天的人数不胜数，为什么我能够把聊天发展成一个兴趣甚至是一个职业呢？这是因为喜欢聊天的人很多，但是能够通过聊天帮助别人、激励别人的人却是有限的。所以我发现，天赋仿佛是非常普通，但又是稀有的，关键是我们能不能够发现它并且放大它。当我发现自己的天赋后，我非常兴奋，我开始读更多专业的书，写更多专业的文章。不仅像现在这样给大家做分享，我还把给父母分享的课程录制成音频通过网络分享给更多的家长。当我找到自己的天赋时，我发现我完全地处在天赋状态中，就算是24小时在线答疑，还总是觉得时间不够用。我在写讲座稿时总是文思泉涌，在做咨询时从来都感觉不到累，反而觉得和家长孩子的沟通能让我更加深入地思考。

通过我的经历，我终于明白了，所谓天赋，并不是什么神奇的能力，不是那些看起来高大上、和别人完全不同的东西。天赋实际上是你自然而然一直在做的事情，是不由自主、理所当然在做的事情。你做的这件事情，对别人来说可能是痛苦的、麻烦的，而对你来说却是轻松的、是有趣的、是喜悦的、是有成就感的。我们可以发现，天赋并不是稀有的能力。

2.除了天赋，许多能力还需要后天培养

孩子要锻炼独立生存的能力，就必须要培养一些必备的能力，比如阅读能力、计算能力、劳动能力、社交能力等。如果父母在孩子成长的过程中能够细心观察，还能够发现他们有一些其他擅长的能力。比如有些孩子擅长表达，有些孩子擅长阅读，有些孩子擅长音乐，有些孩子擅长运动。在社会发展极为快速的今天，职业变得越来越多元，并不是只有学习好的孩子才能找到好的工作，孩子擅长的很多事情都有可能成为他们未来的工作能力。发展好孩子擅长的能力，使它成为孩子的一技之长或者是独特能力，会为孩子走向社会做好最基础的铺垫。但是孩子擅长的和热爱的却不一定是一件事情，比如孩子擅长弹琴，但他可能更喜欢把时间花在画画上；孩子擅长数学，但他更喜欢把时间用在读故事书上。

比如，我的孩子在6年级的时候开始学习演讲和辩论，他在这方面表现出了优秀的能力，经过一年的学习和参加比赛，他获得了很多比赛的奖项。可是在7年级的暑假时他参加完一个科学创意的营地后，对科学发明表现出了极大的热情。记得他参加完12天的营地活动后，我去上海接他时，他扑到我的怀里，激动地告诉我，这是我给他报的最好的"课外班"。从此以后他每个假期都会去那个科创营地完成一个科学项目。从这个故事里我发现孩子虽然擅长演讲和辩论，但他更加喜欢的却是科学发明，随着他能力的逐渐加强，他的科学能力也在逐步地提升。

实际上，找到孩子的天赋并不容易，因为很多孩子的天赋表现得并不明显，需要父母耐心地观察、引导和激发。有些孩子在某一方面表现得很擅长，而且他也很喜欢，那他的天赋就相对好发现，容易得到发展；而有些孩子在很多方面虽然做得都很不错，但他并不是持续地喜欢，那就要从其他方面去发现他的天赋。发现孩子天赋的方法可以分为以下两种情况。

第一种情况：擅长＋兴趣就可能引发天赋。当孩子发现了自己擅长的能力，父母通过不断的鼓励和外部资源的支持，激发出了孩子的兴趣时，孩子就能找到自己的天赋。

第二种情况：擅长＋探索后可能寻找到孩子的天赋。发现了孩子擅长的能力后，经过刻意的学习和训练，父母再通过外部资源的支持，让孩子多方探索，孩子也会找到自己的天赋。

3.助力孩子进入快车道

有一次我和一位做机器人教育的老师聊天，请教他们怎么教会孩子制造出那些复杂的机器，而且还要用电脑给这些机器下指令，让它们按指令行动。

当这个老师告诉我他们还有为6岁小朋友开设的科学课程时，我更加疑惑了，疑惑6岁的小孩能听得懂多少科学原理。通过那位老师的解释我终于明白了，孩子可以通过老师们一些基础的电子知识的讲解，明白电梯的门为什么可以自动打开，明白车上的雨刷器为什么下雨的时候可以自动摆动等。这些讲解都是在解释生活中的某种现象，而这些现象都和理科学习中的物理、化学、生物学原理有关。带孩子研究生活中令他们好奇的现象，通过现象告诉孩子一些科学原理，随着孩子年龄的增长，孩子看到的现象增多，那他们是不是就能自己总结出一些科学原理了呢？当孩子上初中时翻开物理、化学、生物的课本，读到那些复杂而又拗口的公式和原理时，会不会觉得和之前见过、听过的很多科学常识相关联呢？会不会觉得这些科学原理不但不难，反而有种豁然开朗的感觉呢？他们可能会觉得物理、化学、生物不但不难，还十分有趣。而这个不难学的认知是来源于从6岁时开始有人引导他们观察生活中的现象，发现和总结出一些普遍规律，找到现象和规律之间的联系。这样的学习方式和我们过去的先学公式、再观察现象的方法是完全相反的。很明显的是，根据现象总结规律是从具象到抽象的过程，而先学公式再观察现象是一个从抽象到具象的过程。对一个学生来说，这两种学习方式一定是第一种要容易得多。

现在我们似乎能明白为什么有些女孩到了初中觉得理科那么难学了。因为大部分男孩子好奇心强，问题比较多，而且和爸爸一起动手做事情的机会多，所以他们或多或少会观察和思考生活中的一些科学现象。如果没有人引导他们，当然很难达到理论的高度，但是当他们在真正学习理科知识时，之前的有些思考开始起作用，让他们更容易理解一些公式和原理。而这是不是就是从小问题多、爱动手的孩子长大了科学学得好的原因呢？

如果我们从小鼓励孩子观察各种生活中的现象，引导他们总结一些科学的常识和原理，这不但可以保护孩子的好奇心，还能激发他们的想象力和深入思考的能力。这样的学习方式会在初中的学习中帮助他们提升学校的学术能力，通过小时候的动手、动脑学习，能激发他们的创造力。这样的学习方式，孩子既不会觉得枯燥，又潜移默化地学会了很多科学知识和科学原理。

从上面的结论很容易就能看出，从小参加课外活动是能够促进课内知识的学习的。而通过课内知识的学习，孩子也能明白活动中的一些数据、难题如何用公式、计算去得出结论。随着知识难度的逐渐增加，要研究一些新的现象，或者让机器人完成更加复杂的指令，就需要更复杂的数据计算能力来支持，孩子就必须提高自己的数学能力，学习更多的计算机编程知识及更复杂的几何知识等。为了完成实验目标，或者让机器人更顺利地工作，孩子就会主动去学习更难的学科知识。所以课外活动的质量越高，对孩子学术能力的要求就越高。只要孩子真正感兴趣，他就会主动去学习，在课外活动和学术知识的学习之间形成一个良性循环。

比起学习知识的课外班，孩子在课外活动中学到的知识其实是无形的。在一个课外的数学班里，家长可以用数据直接衡量3个小时的课程中，老师讲了多少道数学题。而参加每周一次的课外活动，一个月之后家长问孩子感觉怎么样啊，老师都教了些什么呢，孩子可能根本就回答不上来。

拿一堂科学实验课来举例，老师每一次可能会带孩子们做一个小实验，一个小组分4个人，分工合作，有些能力强一点的孩子可能自动成了小组活动的主导者，而会用电脑的孩子可能会去检索资料，勤快一点的孩子会去准备材料，细心一点的孩子会负责检查数据等。在这样的分工合作中，每个人只是发挥了他们的个人能力，看上去并没有学习到新的知识或者技能。

当家长问起来时，孩子可能会说："A同学太厉害了，这个实验主要是他带着我们几个做的。"而这时候家长心里一定已经在暗暗开始比较了，但嘴里很可能会说："是吗？A同学那么厉害呀！那你都干什么了呢？"孩子如果说自己就是准备了材料，家长的心里就会展现出一个A同学像专家一样在做实验，而自己的孩子在边上默默地打杂的画面，会有"花了一样的钱，实验主要是别人做了，我孩子什么也没学到，太亏了"的想法。而我们没想到的是孩子站在旁边帮助A同学做实验，就是在学习，同学之间的互相学习，与老师站在讲台上一直讲、孩子无精打采地听相比，哪一种方式更有效呢？和同龄人学习，既能给孩子树立榜样，又学习了本领，这样的方式难道不是更好吗？当然在实验结束之后老师也会再做知识的梳理和技能的总结，通过动手、观察、动脑之后，再理解科学原理是不是更有效呢？

很明显，孩子通过一个小组的科学实验不仅学到了知识，也学会了合作，还了解了自身的特点，这应该是一举多得的事情。当然这样的学习比起3小时讲20道数学题的效率看上去还是慢多了。到底选择这两种学习方式中的哪一种，要分析孩子适合哪一种学习方式。对于要参加学科竞赛，或者参加考试时，就需要选择3小时20道题的学习模式；而希望孩子能够理解和学会使用已经学过的科学知识时，就可以选择项目制的学习方式。

只要正确使用，这两种学习方式其实是不冲突的，只是家长一定要学会理智地去做选择，不要让孩子所有的课余时间都变成3小时讲20道题的课外班。学习知识应该边学边用，用的时候理解学的意义，学的时候知道用的目的，主动学习的能力自然就会提升了。

4.从喜欢到坚持有一个很长的过程

很多家长都觉得，孩子喜欢一件事情不长久，即便是刚开始表现出了极大的兴趣，没几天就不想坚持了。孩子喜欢一件事情很容易，坚持一件事情却非常难。到底有什么方法可以让孩子的兴趣坚持得更加长久呢？

孩子6～15岁这个阶段，是探索和寻找兴趣的阶段，家长要带着孩子多做一些课外活动，当孩子找到感兴趣的方向时，就要鼓励孩子在一个方向上做更深入的研究和学习。

低龄段孩子由于受学术能力的限制，比如数学、科学、阅读能力的限制，很难把项目做得深入。但是，家长可以引导孩子在自己感兴趣的领域在广度上进行探索，比如通过书籍、视频网站自学一些科学常识等。这样可以提升孩子的想象力和创造力，同时也能够保持住孩子在这个领域的热情。也可以根据孩子的能力做一些事情，比如设计一个提示妈妈浇花的报警装置、用天然的植物原料制作一块香皂或者一管口红。这些小的作品在大人眼里可能比较简单，但对孩子来说却会有非常大的成就感，这样既满足了孩子的好奇心，家长的认可也会鼓励孩子有更加大胆的想象和创意。

要想让孩子在自己感兴趣的领域走得更远，家长不能仅凭着孩子的兴趣让他自由发展，心里想着反正是他自己喜欢、自己选择的，他自己就要去努力、去坚持。对于孩子来说喜欢是一件简单的事情，但坚持却是非常困难的。孩子每完成一个小任务时，家长一定要及时给予肯定，同时要经常和孩子沟通，了解孩子是不是需要更多的学习资源，也鼓励孩子在遇到困难和阻力时及时向家长求助，不要让孩子独自去面对，因为当问题无法解决时，孩子很容易就会放弃。

5.坚持同一项活动更能找到激情

在15～18岁，随着孩子学术能力的提升，他的学科知识开始能够匹配他的活动项目，孩子热爱的领域会开始向纵向发展，这时候他就会积极面对挑战，而家长只要按照孩子的要求，帮助他们进一步寻找学习资源就可以了。因为这种时候孩子已经进入了自己的轨道，而且是快车道。他们对自己热爱的方向展现出的执着、勤奋和激情就是孩子最核心的能力。这些能力是可以终生使用到的能力，这些能力将会带领他们走得更稳、更远。

6.实现梦想的背后需要无尽的努力

现在很多孩子喜欢唱歌、喜欢跳舞，为了追逐某一个明星拼尽全力。问起他们将来想做什么，他们一定会说要当某某那样的明星。一些家长是支持孩子的，但更多的家长是反对的，因为他们觉得孩子至少要有一个大学文凭才算有了一个基础能力，才能再去追逐自己的梦想。其实我觉得支持也好，反对也罢，首先要让孩子明白，他追求的是什么，喜欢的是什么。如果只是一个光鲜亮丽的明星梦，那我们就一定要引导他打破这个梦想的外壳，寻求实现这个梦想的实质，让孩子明白，如果想实现这个梦想，他现在必须先付出什么样的努力。面对这样的孩子，我相信那些反对的家长一定也是苦口婆心地劝说。

孩子喜欢唱歌、跳舞，而且又真的有这些方面的才能，其实是一件值得高兴的事情，因为如果孩子将来从事的工作和自己的爱好是一致的，在工作的同时也能感觉到快乐，这样孩子才能有归属感、才有可能做出成绩。

只是我们要引导孩子，如果他将来真的想从事艺术方面的工作，只学唱歌、跳舞是绝对不够的。既然是艺术，就需要学习艺术的知识，了解艺术的内涵。现在唱歌的孩子都还需要学会编曲，学会弹奏乐器，需要学会创作。学好这些并不是一件容易的事情，要想再成为明星，除了十几年甚至几十年的勤学苦练之外，还需要一些好运气。

如果孩子了解到了光鲜的背后需要付出的是比学习知识、参加高考还要辛苦的努力，如果他还是坚持要去做，家长就可以支持了，但这个支持也是要有些要求的。要告诉孩子，从事艺术事业，也需要多阅读、多思考，除了读专业的书，也要读文学、历史类的书籍。

孩子既然喜欢艺术，我们就要主动去了解他的喜好，引导他在艺术的道路上走得更高、更远。从孩子的爱好出发，培养他的阅读能力、坚韧不拔的精神、思考能力。这些能力即便是将来他不从事艺术事业，一样可以用到生活中、工作中。

当然光有梦想是远远不够的，学习是实现梦想的基本能力。记得我小时候，家里每天看完新闻联播就关电视了，我的父母不识字，也不会读书，我现在都想不起来当时父母做什么事情来打发整个晚上无聊的时间。但是想到这里还是非常感谢父母的付出，感恩他们坚定地陪伴我读书、学习。而就是在年少的时候每日努力读书，培养了我热爱读书的能力，而那时候除了课本，我能读到的只有《读者》《辽宁青年》《故事会》等这样的杂志，就是从那几本杂志的故事里，我学会讲故事、学会写演讲稿，提升了自己的演讲能力和表达能力。从中学时我就有机会参加学校的巡回演讲，到大学时就有机会和能力去参加大学生辩论赛，而今天我依旧在用我的读书能力、写作能力、演讲能力努力实现着我的梦想，而我要告诉大家的是，其实我是在去年才找到了我后半生想要为之努力的梦想。而正是这个梦想激励着我每天读书和分享。从我寻找梦想的过程似乎就能够看出来，没有行动，没有能力，说出来的梦想也只是空谈；而有了能力，找到了兴趣，梦想就可能照进现实。父母应该积极地帮助孩子找到梦想，鼓励孩子勤奋读书，为实现自己的梦想而不断努力。

07

第七章

家庭教育咨询
故事案例分享

第一个故事：孩子才3岁，我打了他，后悔得直哭……

一位三岁多孩子的妈妈在微信里向我求助，说她有一天没有控制好自己的情绪，打了孩子，而且把孩子推倒的那一刻还把孩子撞伤了，她非常的内疚，也不知道今后该怎么处理自己的坏情绪。我和这位妈妈进行了深入的沟通，分析出她控制不了自己情绪是她的原生家庭所致。

像她这种情况，应该怎么正确地和孩子相处呢？她之前有一个错误的认知，就是她觉得虽然她的妈妈对她很严厉，但其实她爸爸还是非常爱她的，她从爸爸身上得到了一些支持和爱，所以她打孩子的动机不一定和原生家庭有关。但是她妈妈的高标准、严要求确实给她带来了比较重大的伤害。实际上在孩子年幼的时候，尤其是0～3岁，如果缺失了妈妈的爱，就会有一些爱的无力感，当她自己有孩子之后，就会模仿妈妈对她的一些方式，去对待自己的孩子。

和这位妈妈分析完她打孩子的动机后，她在陪伴孩子的过程中开始努力地改变。大概两个月以后我们再见面时，她告诉我，她每次解决问题之前会刻意地控制自己的情绪，先让自己冷静下来，然后再去解决问题，所以已经有一段时间没有动手打孩子了。看到这个结果，我很为这位妈妈高兴，也为那个可爱的宝宝感到开心。

第二个故事：我已经躲到楼梯下面看书了，你还要把我揪出去写作业！

一个妈妈给我发来一段语音，是她和孩子两个人的争执。妈妈要求孩子去写作业，孩子哭着说："我已经躲到楼梯下面看书了，你还是要把我揪出去写作业，你这样对我太不公平了！"孩子的声音听上去非常令人心痛，后来我见到孩子时，问他："你只有九岁，怎么敢跟妈妈抗争呢？"他说："我如果再不抗争的话，我就彻底失去自由了。"孩子很坚持，但妈妈也为了孩子写作业的事情头痛不已。

后来不断跟妈妈沟通后，我跟她探讨，孩子不爱写作业可能是他的小肌肉群的发展度不够，或者是他天生在这方面有一些弱点，我们可以换个方式，通过放大他的优点，来逐渐克服缺点。我给妈妈出了个主意，让孩子把他喜欢的书录一个小视频，发在视频网站上或者是自己的公众号上。结果，同学们看见后纷纷要听他讲故事，一段时间后，孩子成了学校里的故事大王，并逐渐树立起学习的信心，很快孩子作业的完成情况也越来越好。妈妈再也不用为催孩子去写作业而焦虑了！

第三个故事：妈妈，你在犹豫什么？为什么不支持我呢？

一个初中女孩的妈妈向我求助，除了咨询孩子申请美国高中的一些细节外，妈妈还说孩子的姥姥希望孩子去美国后能够到舅舅身边去读书。孩子舅舅在美国一个比较偏远的城市，没有特别好的高中，但孩子和爸爸却希望去一个排名更好的高中。孩子本身是优秀的，而且很有潜力。最后妈妈就在姥姥和爸爸的意见中左右游移，很纠结。

妈妈第二次来找我的时候很伤感，自己夹在中间左右为难，她的内心还是希望支持自己的女儿的，但生怕决策错了。我告诉她，我们应该先尊重孩子的意愿，老人会出于安全问题而担心、忧虑，这些都是正常的情绪，我们可以去共情，可以跟她沟通和解释。经过认真分析后发现，舅舅可能也没有更多的时间去照顾她的女儿，因为孩子读的是寄宿学校，没有很多时间去舅舅家，所以到舅舅身边去读书的意义不是很大。与其这样，为什么不认真考虑考虑孩子的意见呢？后来在我和孩子妈妈的共同努力下，孩子确实申请到了一个非常不错的而且她自己想去的女子寄宿高中，妈妈也觉得自己支持孩子的做法是对的。

第四个故事：父母的成长经验不能照搬到现在孩子的养育过程中

这是一个人大附中孩子的故事。孩子是美国国籍，受相关因素的影响，他不能在现在的中学读书了，家长需要临时给孩子调整一下学业规划，尽快找到一所美国的中学读书。家长希望孩子只要去一所可以快速申请到的美国寄宿中学读书就行，这样就解决了没书读的问题。而孩子本身是很优秀的，他不想随便去一所学校，希望能申请到更好的寄宿高中。妈妈犹豫的原因是要申请好的高中，就要请好的升学顾问，需要花更多的钱。而孩子爸爸也不是特别支持孩子的想法，爸爸觉得孩子就算是英文不是特别好、学校不是特别好，根据他自己当年成功的留学经验，通过自己的勤奋是可以克服这一切的。

当这一家三口坐在我面前，我见到他们的那一刻，我感觉到了孩子的无助。妈妈平时工作忙，爸爸是学霸，他们一直觉得学习是孩子自己的事情，一切都应该由孩子自己去处理。虽然这个孩子比较独立，但由于长期以来从爸爸妈妈那里很难得到具体的支持，所以我从孩子的眼睛里看到了很多的无助。我主动坐在了孩子的身边，让孩子感觉到我和他是一个战队，让孩子有勇气说出自己的需求。孩子开始边哭边说，他希望妈妈能够支持他的想法。在我们见面的第一个小时里，爸爸表现得非常严肃、非常冷淡，一句话都没有说，凡是孩子说到自己的困难的时候，爸爸都流露出特别不屑的表情。

妈妈思维敏捷，她就是需要马上有结果，马上要答案。在整个交流的过程中，我感觉不到他们与孩子共情，孩子虽说已经读高二了，但是毕竟只有十几岁，他要独自去面对在疫情下的美国，要独自去一个新的学校读书，孩子内心是焦虑的、担心的。可是家长一再地强调没事儿，孩子从小就很独立，他们都不管他，他们相信他有这个能力。可是我却始终感觉不到这些相信究竟从哪里来，我认为孩子没有得到真正的支持和帮助。

在我的支持下，孩子坚持表达出了自己的目标，希望能请到一个更好的顾问，能够给他申请到一所不错的高中。妈妈在和孩子进行比较真诚的沟通后，开始接受孩子的想法，爸爸也开始软化，也表示愿意支持孩子。大概一个星期以后，孩子就拿到了一所非常优质的寄宿高中的录取通知书。

在这个案例咨询中，我能感觉到孩子的无助，过去爸爸妈妈总是说"你可以，你厉害，你独立，你从小到大就有力量"，这些信任和鼓励反而让孩子不敢说出来自己内心的胆怯。

在我的支持下，孩子有机会表达自己的无助，在沟通过程中孩子得到了力量，妈妈也表示开始理解孩子的感受，所以能给孩子一些具体的支持。所以我们在陪伴孩子成长的过程中，不能只是泛泛地夸奖他、认可他，一定要给孩子具体的支持和鼓励。

第五个故事：当大多数人都给了否定，你的相信其实代表了孩子未来的可能性！

这是一个在长沙上重点中学的孩子的故事，在他即将上九年级的那个暑假，他的妈妈忽然来找我，说孩子决定要去美国读中学，但他当时托福成绩只有60多分，是不符合申请优质寄宿高中条件的。所有人包括顾问都不看好，但孩子很坚持。我在跟妈妈的聊天中了解了孩子的学习经历，我认为孩子是有能力通过四个月的努力达到一个优秀寄宿高中的要求的。为什么呢？因为孩子是一个学习型孩子，他从小是能够吃苦的，而且在计算机方面的发展也很好。对于这样的孩子，只要全家能够协调一致，把劲儿往一处使，孩子是有机会得到一个好的成绩的。但顾问说孩子现在的成绩是没有机会的，今年无法申请，只能等待补录。我否定了这个说法，跟妈妈达成了一致，全力以赴地帮助孩子向着目标冲刺，哪怕结果不尽如人意，这个过程也是值得的。我帮助这个孩子找到了好的学习资源，请到了一个更有信心的顾问，在这四个月中，孩子的成长是非常迅速的，他的英语成绩获得了巨大的提升，符合美国优质寄宿高中的要求。同时孩子的各种表现力也非常迅速地得到提高，最终这个孩子被美国一所非常优秀的寄宿中学录取了。取得这样的成功后，孩子妈妈爸爸非常高兴，专门做了一个"留学急诊室"的红木牌匾送到了我的工作室，表示感谢。这个案例让我也觉得特别有力量，其实每个家庭和每个孩子的能量是不一样的，我通过不断的咨询，能够发现哪些家庭适合走哪条道路，这也是我个人的一个非常大的收获和成长。

第六个故事：要有效地支持孩子，父母必须先成为一个明白人

一位北京四中的女孩儿，初二的时候突然想去美国读书，她的爸爸妈妈非常支持她，给她找了一家知名的英语培训机构。在那家培训机构销售的鼓动下，孩子直接去美国插班读书。一个学期以后，孩子并没有进步，孩子的爸爸妈妈不知道孩子就读学校的排名，也不了解学校的教学质量，孩子通过一个学期的学习也不知道自己在学校的成绩，而且英语没有得到任何提高。爸爸妈妈非常焦虑地找到了我，当我问爸爸孩子大学的升学目标时，他告诉我，孩子这么优秀，肯定要到美国前三十的高中和大学读书。

其实这一家人走了一条弯路，他们花了很多的钱，并且用了整整半年的时间，孩子的整体水平却没有提高。在留学市场上有一些缺少良知的中介机构，不管孩子的具体情况，只是以销售为目的，匆忙把孩子送到他们合作的美国中学。美国的中学非常多，家长一定要评估学校的质量，了解一下这个学校具体情况，才能把孩子送去读书。这个孩子耽误掉的半年时间其实是无法挽回的，如果真的要以美国前三十的大学为目标，就必须重新发

力，甚至要花更多的时间和精力才有可能实现。

第七个故事：找对路径，内向的孩子也能成为演说家！

一个咨询我的家长说，她的女儿非常可爱，比较安静和内向，她非常希望培养孩子讲话以及演讲的能力。在沟通过程中，我告诉家长，先不着急孩子的输出，先观察孩子的兴趣。后来妈妈发现女孩虽然在外面不是特别爱讲话，但是喜欢对着镜子讲故事。这个妈妈本身也是非常有教育意识的，经常在家里给孩子讲故事，孩子其实是输入了很多有效的故事和高质量的文学内容，只是没有找到合适的机会去表达。我告诉妈妈，可以用手机把孩子表达的视频录下来，发给爷爷奶奶以及其他亲属，大家相互传看，当得到大家的认可和鼓励时，这个孩子自然就愿意站出来说了，至少会在亲人之间说。这样可以逐渐地锻炼她的胆量，当认可的人越多，这个孩子就越自信，她就越有意愿去表达自己。果然，妈妈这样做了一段时间后，孩子的变化和成长非常快，主动报名参加了小小演说家训练营。

第八个故事：美国孩子真的不爱跟中国孩子交朋友吗？

一位学生暑假去美国上夏令营后，和我说，他觉得美国孩子不是特别爱跟中国孩子交朋友，好像都有防备心。

我请孩子说一说具体的细节。他说，他们有几个认识的中国朋友一起去读夏校，他们在学校聊天的时候，会有美国孩子停下来看一看他们，听一听他们聊天，然后就走了，并不主动和他们交流。我问孩子，你和朋友在一起时讲的是中文还是英文，他说讲的是中文。我说："你们讲的是中文，美国孩子可能是因为好奇才来听一听，但其实他是听不懂的，如果你们一起讲英文，他就能听得懂，也许他就有机会跟你们做沟通了。"

"另外你到美国去上夏校，肯定希望能够了解美国文化，融入美国孩子的圈子里。你们几个小朋友在一起，如果能讲英文当然是最好的，如果想跟美国孩子交朋友，也应该主动地跟他们交流。因为你可以用英文跟他们沟通，他们却不能用中文和你们沟通，他们听到你们讲中文的时候，肯定只能走开了。所以不要轻易对别人的行为做评价、做判断，因为这个判断，只是可能带着自己的观点做出来的，并不准确。"

第九个故事：每一个看似普通的孩子都有一颗兴趣的种子等着你去挖掘

我的一个学生，在申请美国高中的时候觉得自己没有什么特长。我在跟他的沟通中，发现他特别喜欢读书，而且特别喜欢历史，我问他喜欢历史里的什么呢，他说他喜欢历史里的战争和武器。我有些吃惊，因为很少有孩子能够特别具体地知道喜欢历史中的什么，这证明他对于历史了解得有一定深度。于是我鼓励他

开始写关于历史的公众号，就叫听谁讲讲历史，因为他要申请美
国的中学，那我就建议他写成中英文两个版本的。他同意了这个
建议，但一直不知从何处下笔。我给了他一个具体的建议，就是
让他从第一次世界大战开始写起，比如说第一次世界大战的时
候，当时导火索是什么；各国用的是什么武器；那些武器的变迁
是怎样的；现代战争中最重要的武器会是什么；为什么各国都在
倡导不要发展核武器；人类发展进程是否可以通过武器的变化，
串成一段历史……后来这个孩子用这个方法，在公众号里写了很
多篇文章，分享给了喜欢历史、希望了解战争史的同学。

就这样，这个孩子通过这件事情获得了极大的自信和成就
感。这个公众号也成为他申请美国高中的重要资料，起到了很大
的作用。

第十个故事：老师打来告状的电话就一定是孩子错了吗？

这是关于我自己孩子的故事，当孩子在学校做了一些老师不
认可的事情时，老师就会给我打电话。接到老师打来的电话，家
长一般都会非常紧张，第一感觉就是孩子肯定又做错了事。但是
我每次接到老师电话，都会先冷静分析这件事情是不是孩子的
错。当然，我在电话里会比较委婉地告诉老师，孩子回来后，我
会认真地跟他聊，但是我通常不会第一时间就认为这件事情一定
是孩子的错。

大多数家长接到老师的电话后，孩子一到家就会问："你今天又干什么坏事儿啦？老师给我打电话了。"而我的处理方法是，孩子回家后，我不会把跟老师通话的内容直接告诉他。我首先会共情孩子，因为孩子在学校一定是已经被批评过了，他自己肯定也特别懊恼，通常孩子也不敢跟老师争辩，有时候他可能并不知道自己做错了什么，所以回到家后，他更需要的是倾诉。孩子回家后，父母一定要先听他讲，先听听他对事情的描述，他对整件事情的想法，他为什么当时会那样去处理问题。

有好几次，当孩子描述完事情的经过，表达清楚自己想法后，我发现他的想法和老师的想法之间是有偏差的。这时候我会和孩子一起分析问题，寻找正确的解决方法。

当孩子学会了共情老师，他逐渐就会知道如何去处理这些问题，也不会一直觉得是老师冤枉了自己，一直觉得自己受了委屈，也不会抵触老师，和老师发生正面冲突，或者是因为不喜欢这个老师就不喜欢这个科目了。

第十一个故事：你可以寻求帮助，但不能以伤害孩子为代价！

有一个电视节目，我抱着学习的态度看完几期后有些担忧，担忧这个节目可能会伤害孩子。节目是把亲子关系有问题的孩子和家长请到现场，还原他们之间的冲突现场，现场的专家和一些中小学生，根据他们的表现进行评论和建议。几乎每次结尾都是父母主动跟孩子和好，营造一个和谐的结局。但以我做这么多年的咨询经验看，发现这种和谐的关系，不可能是在瞬间或者是一个节目录制完成后就出现的，而且我注意到，有些孩子在录制过程中好几次都忍不住走开了。

因为孩子并不希望还原冲突的现场，那个现场对他可能是极大的伤害。应该是大人做了很多努力，孩子才愿意来讲自己的故事，故事的大结局也应是爸爸妈妈认识到自己的问题，孩子也知道自己错了，他们非常和谐地相处。但事实上我并不太相信父母做完节目回到家以后就可以变得真的特别理解孩子，能够和孩子共情，不再跟孩子发脾气。所以我觉得节目展示了孩子和父母之间的不太好的一面后，有可能产生这样一个后果，那就是孩子回去面对他的同学和老师时，可能又多了一层伤害。其次，如果父母在电视里承诺的是一套，回到家里又是另一套，那孩子更有被撕裂的感觉，更不知道什么是真的、什么是假的，所以这种节目对孩子有可能不是帮助而是伤害。

总之，父母在和孩子相处的过程中出了问题，在寻求帮助时一定不能以伤害孩子为代价。

第十二个故事：大学只是一个开始，从头开始，不气馁！

一个孩子高考刚刚结束的家庭找到了我做咨询。这个学生因为高考发挥失常，平时成绩很优秀，却只考了一个普通一本。这个结果并不符合爸爸妈妈和他自己的期望。孩子非常失望，一个假期都比较颓废，提不起精神。爸爸妈妈很担心孩子的状态，不知道如何面对和劝说孩子。

咨询中我询问了孩子和父母的关系怎么样。孩子说平时和父母的关系都还算正常，也没有大的冲突。只是他觉得父母并不能给予他真正的理解和支持，和父母没话可说，所以他宁可选择沉默。

爸爸并不要求他成绩要多么好，但很少主动和他交流，也不主动抱他，也没有什么亲密的举动。他觉得和爸爸之间是有距离的，没有亲密感，和爸爸之间很少沟通。妈妈就是管一些生活中的琐事，没有思想上更深刻的沟通帮助和成长支持。

这个孩子从小就比较聪明，学习起来并不吃力，所以他成绩一直还不错。因为他一直是不需要特别努力就能取得一个不错成绩的孩子，所以他觉得自己不需要花很多的时间在学习上。我问到他有什么特别的爱好时，他说除了偶尔和同学打打球，也没有什么特别的爱好。

当他高考成绩不是特别理想的时候，其实自己内心觉得也还好，因为他并没有使出自己全部的能力，没有花很多的努力去做这件事情，他自己其实已经在努力地接受这件事情了。

在咨询的过程中，有一个细节让我觉得有点难过，孩子选专业的时候他选的是计算机，实际上他从来都不了解计算机专业，他数学也学得不是很深，只是在决定选专业的时候觉得熟练掌握计算机相关知识肯定是未来走向社会需要的一种能力，虽然他选了这个专业后，也开始尝试着了解，但他表现得并不是特别自信。

其实上大学只是一个起点，并不是终点，怎么利用好大学的资源？如何了解计算机专业的发展趋势？下一步计划去哪里读研究生？……现在确定目标，从大一开始努力，完全可以做人生的赢家。

第十三个故事：爱是最好的赋能，被赋能的孩子能力无限

我有一个学生，是一个16岁的女孩。她6岁开始学小提琴，拉得非常棒，是学校乐团的首席小提琴手，还出过一张小提琴演奏的专辑。她一直觉得小提琴是她从小到大最好的朋友，但后来的一次经历让她发现原来小提琴可以给予她无限的能量。

她在去菲律宾的一个公益活动中去了一个贫困的村庄，见到了一些孩子，他们既没有亲手摸过小提琴，也没有亲耳听过它的声音。她在那里为孩子们演奏了所有她会拉的曲子，整个过程中，孩子们一直开心地笑着，陶醉在美妙的琴声中，有的孩子忍不住伸出手，轻轻地抚摸着琴身。这个女孩被深深地震撼到了，她突然找到了自己拉了十年小提琴的意义。她回到学校后，为这些孩子写了一首歌，并保持跟那里的联系。后来疫情发生了，她

收到了当地国际公益组织的一封电子邮件，上面说那里的孩子处境很困难，能不能想办法为孩子募捐一些大米。

该怎么办呢，女孩能否用她最擅长的音乐来帮助那里的孩子呢？后来我们想到孩子可以通过用卖唱片的钱买大米，给这些小朋友。确定了这个目标后，女孩非常兴奋，她相信音乐里有爱，她希望所有喜欢音乐的人都能传递自己的爱心。她不光通过我的平台，还找到了许多主流媒体、短视频平台来宣传这件事，希望有更多爱音乐的人能够支持这个梦想，最终她用网上售卖专辑的钱加上其他渠道募捐的钱为那些菲律宾儿童买了上万袋大米。这个孩子在这个过程中得到了极大的锻炼，她后来还组建了乐团并持续进行了多场公益演出，成为一个优秀的活动组织者。

是什么激发了这个女孩无限的潜能呢？就是发自内心的爱，这样的爱会让一个孩子一夜长大，也会让他们自发地成长为有力量的人，我们要帮孩子找到和感受到这种爱。

第十四个故事：理解学习艺术的价值，让艺术治愈人生

这个故事是关于一个拉中提琴的女孩儿的。小姑娘从小就拉琴，我跟她聊天的时候知道她的专业技能是没问题的。但当我问她为什么要学琴，她拉的曲子表达的是什么意思的时候，她并没有确切的答案。她说平时老师让拉什么她就拉什么，让练什么她就练什么。我告诉她，要想真正地爱上音乐，首先要知道，这些

音乐是从哪里来的，要表达什么样的感情。我建议她把拉过的曲子搜集整理一下，包括创作这些音乐的音乐家的故事。音乐家在创作这些曲子的时候，是希望表达什么样的情感，这些曲子的背后有着什么样的故事。小姑娘比较内向，不善言谈，但音乐却能够传达她内心的激情。

我们一起分析了学艺术的作用：比如艺术能让人感受音乐的美好，可以用音乐来表达情感；艺术也可以帮助到他人，现在有一个职业叫作艺术治疗师，艺术治疗师可以通过音乐、绘画来帮助抑郁症患者，或者患有精神疾病的人，判断他们的病情，用音乐、绘画来帮他们做治疗。所以学音乐其实是一件美好而且有意义的事情。通过这个咨询，孩子开始理解学习音乐的意义，开始为自己确立专业方向和职业目标。

第十五个故事：你勇敢了孩子会更勇敢，他比你想象的强大

有一位向我咨询的家长，她和前夫离婚以后自己带着孩子，后来她再婚了，现任的丈夫很爱她，对她的孩子也很好，他们一起又有了一个孩子。她一直比较担心她和前夫的孩子会被忽略，所以非常小心地呵护这个孩子，刻意地去保护这个孩子。为了避免孩子受到现在家庭的影响，这个孩子一直生活在姥姥姥爷身边。

后来孩子5岁了，我建议她把孩子接回到身边来，在妈妈身边才能感受到更充分的爱。这个孩子也非常聪明，学习能力也很

强。我建议她不用太过分地保护孩子，既然现在的丈夫接受她以前的孩子，那就说明他是非常有爱的一个丈夫，所以要信任他。不要带着偏见去处理家庭关系，要把现在的一些思考看成一个整体，她越放松家里的人就会越轻松，她越不焦虑所有人的状态就越好，要勇敢地面对，孩子比她想象的要强大。

妈妈想通了，把孩子接到自己身边，后来我在这个妈妈的朋友圈看到了许多美好的照片。她自己勇敢了孩子会更勇敢，孩子比她想象的要强大！

这个妈妈也是一个非常有勇气的女性，她为了维护好现在的家庭，辞了原来的工作，在家附近开了一个家政公司，这样既可以有自己的事业，同时也可以照顾孩子和老人，所以这个妈妈其实是非常有勇气的一个妈妈，她只是需要去梳理她的家庭关系，只要她勇敢面对，再复杂的关系也能够理顺。现在妈妈和孩子都成长得非常好，这也是我觉得非常幸福的一件事。

第十六个故事：语言不通的全新环境，孩子会面对多么大的挑战？

这是一个在新加坡上学学生的咨询故事，孩子在四年级时，因为爸爸妈妈的工作需要，转到了新加坡读书。因为没有做好出国的准备，孩子的英文不是很好，所以到了新加坡之后，听课的时候她只能听懂百分之四五十，这让孩子失去了自信。

爸爸妈妈刚搬到新加坡，也在适应期，没有意识到孩子学习问题的严重性。孩子不是特别开心，在新的环境也交不到朋友，心情很差，就靠吃东西来解压，从而体重开始增加。孩子越不开心，就会吃更多东西来解压，体重增得越多，这就变成了恶性循环。

妈妈其实对孩子还是有要求的，但是看到孩子的状况，就有一点恨铁不成钢，不知该如何是好。找到我做咨询后，我给出了一些具体的建议，比如孩子喜欢画画，那就买更多的绘画书给她。在爸爸妈妈没回到家之前，可以让孩子做一些放松的事情。另外要信任孩子，帮助她找回自信。

孩子回到北京后，我们见了一次面，孩子特别在意自己的体重，她觉得自己胖了别人会笑话她，会因为太胖交不到朋友，越交不到朋友就越不自信。

其实孩子还是有一些特长的，比如在和同学一起做项目时，她会画一把小提琴，进行小提琴的设计。但她由于学业上的困难没有解决，在学校还是会有很多问题出现。

孩子的妈妈虽然焦虑，但是情绪还是比较稳定的，只是面对孩子的问题她有些束手无策。如果父母想支持孩子，一定要先接受孩子的情绪。在我和孩子两个小时的咨询中，孩子一直在掉眼泪，让人很心疼，孩子内心其实有很多很多的无助和无奈，父母必须积极主动地去感受孩子、拥抱孩子。

第十七个故事：努力比结果重要啊，你怎能无视孩子的努力呢?

　　我有一个国际学校的学生，孩子还是比较努力的，但妈妈是那种要求完美的妈妈，很早就开始规划孩子去美国读书，也做了很多的准备工作。在我的青少年思维成长课上，孩子和妈妈就一件事情发生了争执，都觉得对方做得不对。事情是这样的，孩子有一天做数学题，一道题用了20分钟。妈妈是一个讲究效率的妈妈，会把孩子每一天的时间排得非常满，孩子在学校有九门课要学习，因而孩子每天都很忙碌。妈妈是重点大学高才生，认为要寻找高效的解决问题的方式，她觉得那道题用三步就能解出来，而孩子花了整整20分钟才把它做出来。妈妈在边上看着很着急，虽然忍着没说，但表情已经很着急了。孩子呢，因为好不容易做出来了，高兴地去跟妈妈说，你看我解出来了，可是妈妈说，其实你不用花那么多时间，三步就能做出来，你还用20分钟，来我教给你，用三步做出来就好了。孩子觉得自己很委屈，我好不容易用自己的方法去解出来了，你却否定我，我不希望用你的方法，我想自己思考。

　　其实在这件事情里，妈妈是有误区的，妈妈是用40多岁的一个成年人的能力，在评估一个十几岁的中学生的能力。其实这件事情真正重要的是孩子在努力思考，愿意思考，自己愿意一步一步地深入思考，来得出一个答案，这种能力是非常可贵的，我们要肯定孩子的努力。而妈妈会担心，今天我鼓励他，明天他再用20分钟做一道题的话，那他别的事情就做不完了。后来我告诉妈妈，其实我们不用给孩子安排那么多事情，他如果从一件事情里能够学到很多能力的话，比做很多事情要更重要。通过这个沟通，妈妈也认识到她的误区。这个妈妈是一个特别善于学习的妈妈，整个交流过程完成后，孩子得到了我的支持和鼓励，妈妈也有所感悟，这件事情就在比较友好的氛围中解决了。

高效率的家长有时候会对孩子要求过高，这样反而会扼杀了孩子的创造力。

第十八个故事：6岁小孩上3个奥数班，是对孩子的摧残

一位孩子只有6岁的妈妈来找我做咨询，说他们附近有的孩子6岁都报三个奥数班。6岁的孩子都还没有上小学，就报三个奥数班，这也太夸张了。

同一个学科，家长为什么要同时给孩子报三个奥数班？这是因为机构把同一个年级分成了三个不同难度的奥数班，即基础班、提高班和做难题、刷题的班。一个6岁的小孩儿，还没上一年级就这样去学奥数，是完全不正确的学习方法。让一个6岁的小孩理解一道奥数题，需要花很多时间和心思。学习奥数是为了培养孩子的思维能力，并不在于他做了多少题目。

对于一个普通孩子来说，他上普通班能够把题目真正地理解

和掌握就已经非常了不起了。妈妈们一味地拼进度，再去报一个提高班、一个刷题班，其实是在消耗孩子的能量，这样的学习方法是完全错误的。正确的学习方法是每上一次课，先去重复做老师讲过的题目，先把老师讲的题目真正理解了，然后再做一些练习题，其实就足够了。

提升数学思维，是需要日积月累的。小孩在6岁就同时上3个奥数班，这是拔苗助长，让孩子如此学习，其实是对孩子的摧残。

第十九个故事：输入和输出不必一一对应，旅游不一定要写游记

我的一个学生，父母都是学霸，每次在他们出门旅游前，都会要求孩子回来要写一篇游记，不管是去爬山还是去滑雪，都希望孩子写一篇游记，并且在回来的路上和孩子讨论旅游的感受。孩子学习成绩非常好，但是偏内向，不是特别爱讲。每次爸爸妈妈问孩子，讲讲你今天有什么收获呀，有什么感受呀，孩子小时候，可能被强迫着还能说一点，大一点的时候就抵触干脆不说了，你越逼他，他越不说。许多人小时候也会有这种经历，每次老师带领班级去旅游，或者做活动之前，都会给布置一个写游记的任务，要不就是看完书要写个读后感。其实当我们带着任务去旅行的时候，孩子就已经带着压力、带着焦虑了，在看每一个

风景的时候都是有任务的，而不是真正的发自内心的感受。但那些真正的好的表达、好的输出、好的写作，是要有一些发自内心的感触的。如果带着任务，可能看到每个风景、每棵树的时候，他不得不思考把这棵树怎么写在作文里，而忽略了真正的更深远的感受。这种功利的思考其实是不够健康的，不能让孩子为了写作而写作，应该让孩子达到一种真实的心理感受，这时候孩子才会比较愿意去表达。

所以我给这对父母的建议是，如果你希望锻炼孩子的表达能力，那你不如就愉快地跟他沟通你的感受，你看到了什么样的情景的时候，你当时是怎么想的。让孩子自然而然地去说，不要提问，不要问你是怎么想的，不要刻意地去引导，你越刻意孩子越抵触，所以不要带着任务让孩子去旅行，要和他交流而不是提问，输入和输出不必一一对应。

第二十个故事：如何让孩子脑子里的天使战胜恶魔？

我有一个特别喜欢玩游戏的学生，虽然他爸妈为他花很多时间玩游戏十分苦恼，但实在没有办法，就和孩子商定了一个规则，每周三、周日晚上可以各玩一个小时。

有一天我去他们家里做客，大人们吃饭聊天，家里的气氛很放松。按规定这是孩子做作业的时间，但孩子看到大人们都在聊天，此刻也没有人管他，他就跟妈妈商量说能不能提前把这周日的时间合并，今天一次玩两个小时。

这个要求是不符合之前制定的规则的，但小朋友争辩说，家里现在的环境，他也没有心思写作业。出于对孩子的理解，爸爸提出了很多建议，比如可以弹钢琴、看综艺节目等，但是孩子都不愿意。

后来我给了他们一个建议，如果孩子坚持今天玩游戏，就把一个小时的时间减少为30分钟，这样孩子会有些犹豫。我发现孩子想玩游戏的时候，他就会想方设法突破一切规则，获得玩游戏的权利。但是我帮孩子分析利弊，如果选择现在玩，对他是不利的。他现在玩游戏感觉一时过了瘾，但是却要付出减少半个小时游戏时间的代价，这是对他不利的。其次，在制定好规则后，如果他不断地提要求，不断地打破规则，会让父母觉得他说话不算数，那制定规则就没有什么实际意义了，在父母这里也失去了信任度。

在这件事情中，孩子其实是在两个不利处境中。第一游戏时间减少，第二信任度降低。这时候孩子脑子里仿佛住着一个恶魔和一个天使，如果让天使占主动地位，就可以告诉孩子哪些是对他不利的，既然对自己不利，为什么不选择更加有利的策略呢？为什么不选择看视频、听音乐，用别的方式去使用休闲的时间呢？如果我们要放纵自己玩游戏的欲望，脑子里的恶魔反复告诉自己，反正就破坏一次规则，只要能玩就行。如果孩子的大脑被恶魔控制了，天使就被恶魔打败了。时间久了，孩子大脑里的天使就不起作用了。通过这次沟通，孩子最后选择了当天晚上不玩游戏。

第二十一个故事：让走遍世界的经历融入孩子成长的点滴过程中

我有一个学生，因为父母在越南工作，所以他在越南上国际学校。这是一个比较有天赋的孩子，学习上不用花很多时间。妈妈觉得孩子很有潜质，如果能更努力，一定会比现在发展得更好。

其实这类孩子还是挺多的，非常有天赋，不用花费太多的精力在学习上，而且有很多的爱好，比如这个孩子就很喜欢画画。

我引导这个孩子，看看他身边的环境，除了这些富商的孩子，有机会可以去了解越南底层人民的生活，看看那些人在怎么生活。其实，越南的经济发展速度比起中国来还是有很大差距的，既然有机会到这个国家读书、生活，就可以去了解这个国家的文化，做一些社会调查和分析，比如越南为什么没有中国发达，究竟哪些因素限制了其发展或是经济发展速度等。

其次，能不能用自己的能力为那些底层的人民做点儿事情。他们学校经常会组织义捐义卖活动，他能不能把自己的画通过义卖的方式去帮助那些需要帮助的人。另外，能不能发动他身边有钱家庭的孩子，和他一起去做一些有意义的事情。

既然在越南生活，他的绘画里可以有当地的文化元素，比如可以以越南热带果园里的农民为素材，或者增加更多的民族特色，用一个中国孩子的视角和思考去记录他在越南成长的故事。这些建议对孩子非常有启发，我们聊到这些内容的时候，我发现他眼睛里面是有光的。

第二十二个故事：不敢坐过山车的孩子就是胆小吗？

在我孩子5岁的时候，他和几个小朋友一起去迪士尼玩，在游乐园里我孩子坚决不玩过山车、激流勇进这种特别刺激的项目。一个男孩胆子居然这么小，不敢大胆地尝试新项目，当时我就觉得面子上有点过不去。于是我就不停地鼓励他："你要勇敢一点，既然来了，就应该都尝试一下。"

大多数妈妈估计都和我一样，总觉得男孩就应该勇敢，要敢于寻求刺激。后来我逐渐明白了，有些孩子天生比较敢闯，敢去寻求刺激，但有些孩子并不喜欢刺激的游戏。

一位一起来玩的朋友告诉我，一定要理解每个孩子的性格，要弄明白孩子究竟在担心什么。后来我跟孩子交流时，孩子认为这些游戏是有危险的，如果不是100%安全的事情，他是不想尝试的。他也不喜欢游泳，他认为游泳是踩不到地面的，凡是踩不到地面的都是有危险的事情，他都不喜欢。这并不代表他不勇敢，不愿意挑战，比如说在学业上做他自己喜欢的事情的时候，他非常愿意面对挑战，但是对外部特别刺激的事情，他会没有安全感，就会表现得不勇敢，但这并不是真正意义上的不勇敢。

第二十三个故事：妈妈一定要知道，孩子尿裤子的背后是什么？那是孩子在求助

一个孩子上幼儿园时，老尿裤子，幼儿园的老师告诉妈妈说，这孩子可能有些生理问题，得去做检查。但是妈妈觉得奇怪，因为孩子在家都很正常，为什么在幼儿园会有尿裤子的现象呢？我跟妈妈说，你侧面问一下孩子在幼儿园里有没有什么害怕的事情，孩子有可能是受到了惊吓，或者孩子有需求但不敢请求老师的帮助。后来妈妈通过跟幼儿园的园长及老师的沟通，了解到孩子一下课的时候就去玩儿，忘了去上厕所，但是幼儿园老师的规定是课间才能去上厕所，孩子因为不敢去所以就尿了裤子。

其实对于一个四五岁的小朋友来说，他不是特别能区分课间时间和上课时间，他还不能很好地控制什么时间该干什么事。所以当发生这种情况的时候，家长第一时间应该去了解具体发生了什么，而不是马上就判定孩子有生理问题。家长要去积极地寻求真正的原因，倾听孩子真实的声音。

第二十四个故事：两娃家庭，无论是大欺小还是小欺大，都会造成心理创伤

有两个孩子的家庭通常会遇到大欺小的情况，而向我咨询的这个家庭却正好相反，是妹妹欺负哥哥。在这个家庭里，妹妹情商高、聪明，而哥哥长得胖乎乎的，做起事情来有点笨手笨脚。妈妈总是喜欢说哥哥要让着妹妹，还经常当着妹妹的面嫌哥哥笨。哥哥不是一个特别细心的人，容易丢三落四，走路的时候还会摔跤，妹妹就会和妈妈一起取笑哥哥。

在这件事情里，妈妈的做法对哥哥是非常不利的。按理说在妹妹心里，哥哥应该是榜样、英雄，哥哥是保护妹妹的。如果妈妈和妹妹一起说哥哥笨，总是在家里取笑哥哥，妹妹就不会觉得哥哥是有力量的，哥哥也会觉得自己很笨，这种感受不断地强化，会伤害哥哥的自尊心。

另外，如果在家里妈妈和妹妹都太强势，哥哥就很难有男生的勇气。平时应该要告诉哥哥，你很强，你很爱读书，很关心别人，在家里你要帮助妹妹，影响妹妹。

如果妈妈总是和妹妹一起取笑哥哥，就算哥哥想表现出他的勇敢、他的能力，想保护妹妹，但也都没有机会，因为妹妹是瞧不起哥哥的。如果在家庭里，所有人都不认可哥哥，他在学校里也会表现得没有力量，变得软弱，很可能被欺负时，都没有能力还手。

第二十五个故事：孩子，咱们约定好，不要考第一名！

有个重点中学的学生，学习成绩很好，也很自律，但是每次考试他最看重排名。本来他一直是班级第一名，有一次他的总分比第一名只差0.5分，然后他就特别懊恼，想方设法找每一科老师，求老师去帮他补到那个0.5分。其实老师并没有判错，但是他想的是我和老师关系不错，反正都是文科，我多写一个字或少写一个字影响也不大，怎样都有可能争取到这0.5分，最后老师没有给他这0.5分，他表现得很沮丧和暴躁。我听说这件事的时候就提醒他的妈妈，孩子的这种表现已经不是在自我要求高的范畴，而是背离了学习的意义，他的心理上出了问题。他觉得我得第一名是第一位的，我得了第一名，会受到赞赏，老师会更喜欢我，家长也会更喜欢我；如果我是第二名，那我可能就是一个学渣，我就会失去一切，这种心理会影响他的健康成长。

妈妈也意识到了问题的严重性，后来跟孩子约好，试着有意识地不要考第一名，把关注点放在是否真正掌握了这一知识点。而孩子没有考到第一名，但对于所犯的错误却能认识得很透彻时，妈妈反而会有奖励，因为这是一个真正对学习感兴趣的体现，而不是被获得第一名的虚荣心驱使。这样过了一段时间后，孩子慢慢转变了原来执拗的想法，整个人也开朗了许多。

第二十六个故事：幼儿时期没有分离焦虑的孩子正常吗？

孩子马上就要上幼儿园了，妈妈们最担心的就是孩子哭闹，不让妈妈离开。可是我却遇到了一个孩子，第一次上幼儿园，妈妈走后，根本不哭不闹，非常平静地在教室玩耍。孩子的妈妈咨询我，这样的孩子正常吗？

第一次上幼儿园，孩子根本没有分离焦虑，他不难受，也不盼着妈妈来接他，这种情况很可能是妈妈和孩子的依恋关系出现了问题。孩子不渴望回家，不渴望和妈妈在一起，很大的可能是在家里妈妈和孩子没有建立好亲密关系。而这个孩子到陌生的环境，不哭不闹，不依恋家人，说明他的内心是有伤害的。

遇到这种情况，就需要让父母来描述他们平时和孩子是如何相处的。为什么孩子离开父母之后，不伤心、不难过、不想念、不想见到父母、不想回家。沟通后，一定要找到问题的根源，解决好亲子关系，否则继续发展下去，对孩子的成长是非常不利的。

第二十七个故事：那些你没有说出口的话，孩子感觉得到。那些他没有说出口的压力，你感觉到了吗？

有个学生小时候，因为父母工作忙，三年级之前没有生活在父母身边。三年级后，妈妈让孩子回到了自己的身边，从一个公立学校转学到一个国际学校。然后六年级时，妈妈觉得国际学校不是特别好，就让孩子从国际学校又转回了一所不错的公立学校，后来妈妈找到我的时候，表达了她希望从公立学校再转回到国际学校的意思，所以这个孩子在求学中经历了不断转学，而且是跨度非常大的不同的学习体系之间的切换。

首先孩子从外地的一个公立学校且英语不是特别好的情况下直接去国际学校上学，本来对孩子就是一个巨大的挑战。我问过孩子，你当时是怎么做到的，他说："我实在听不懂就比画或者不听呗。"孩子其实是在逃避，但家长却认为孩子在比较宽松的国际学校适应得也挺好。但是在适应得挺好的背后，肯定是有一些不适应的，只是孩子已经习惯了不说，因为在三年级之前他没有机会去说。三年级之前他并没有生活在父母的身边，他也没有机会去表达，这是他不习惯表达的习惯造成的，而他回到了父母的身边时，遇上困难，他也会不表达。这样造成的结果是爸爸妈妈觉得孩子适应得挺好，适应能力很强，一切都能搞定，好像不用太操心。

但是后来，当他又从国际学校转回公立学校的时候，成绩跟不上了，妈妈也意识到了，也没有对他提出过高的要求。其实孩子是在遭遇第二次巨大的挑战，但孩子还是习惯不说，爸爸妈妈觉得，他还挺努力的，反正有进步了也挺好的，孩子很强大，他自己能应对一切。久而久之，他自己都不知道内心需要什么样的支持，觉得："自己好像一直也还行吧，爸妈也不批评我。虽然我也知道我不够优秀，但我怎么才能更优秀我也不知道。"我当时对这个孩子充满了担忧，因为每一步、每一个节点对他来说都是一个巨大的挑战，他的妈妈也不是特别理解他在面对什么困难和挑战，不知道他一步一步是怎么过来的。后来也有一个老师接触了这个孩子，我们俩对这个孩子都很担心，我们希望帮助他真正地面对这些困难和挑战。我们也和孩子妈妈进行了沟通，孩子妈妈还是非常讲道理的，当我们表达出了对孩子的一些担心，或者是一些孩子正在面对的挑战的时候，妈妈是能理解到这些点的。当我们告诉孩子说妈妈不要求你从倒数第几进步到第十几，你是不是觉得压力小一点。结果孩子说虽然感觉上是不要求，但不断地转学到妈妈认为教学质量更好的学校去，其实已经是在提要求了，这些要求实际上潜藏在这些行为中。当妈妈意识到自己其实在换种方式提要求，这些会给孩子制造压力和焦虑时也很心痛，好在他们的亲子关系比较好，在我们的多次开导下，孩子开始慢慢释放自己内心的压力，并学会向我们或者向父母求助，最后在大家的帮助下，孩子的学习成绩和心理状态都好了很多。

　　所以，如果你的孩子看上去一切都很强大、很适应，你反而要注意了，也许是他不习惯表达，也许是他自己逐渐失去了感受压力和释放压力的能力。

第二十八个故事：学会分配学习时间比成绩高几分更重要

学校每次开家长会，通常都是家长们压力最大的时候。开家长会的时候，学校会给每个孩子的家长发一张印有平均分的小纸条。哪科比平均分低一点，哪科超过了平均分，纸条上的曲线图都标注得一目了然。其实这个平均分并不一定是区里的平均分，因为有些学校教学质量好，各科平均分都能达到90分左右。但学校要求全A的成绩是85分，所以85分的平均分并不代表孩子不优秀。

可是看到纸条上孩子的成绩比平均分还低，很多家长马上就心慌了，回家后会忍不住质问孩子，怎么考这么差，比平均分还低。对于这种情况，我的孩子就和我发生过争辩。他说："你不是说不让我比成绩吗？只要是全A就可以达标了。我现在已经达标了，为什么还不行呢？"当然，孩子还进一步解释说，他没有用所有的时间去复习这个科目，如果花一个星期去复习，可能能考到95分，但他把一个星期的复习时间分成了两部分，前几天用来学习他喜欢的计算机编程语言，后几天才用来复习，所以成绩差了一点点。

我当时就释然了，一个拥有自己真正的兴趣爱好的孩子是多么难得，他能安排好自己学业和兴趣爱好的时间，而不是一味地去追求成绩，这才是非常健康的。

第二十九个故事：成年人的崩溃，往往从开家长会开始

有很多孩子在重点公立学校上学的家长，他们说每次去开家长会，都会经历一场巨大的挑战和考验。因为家长会上，老师会念出班级排前十名学生的名字和每一科的前十名。他虽然不说后面的排名，但是只要前十名里没有自己孩子的名字，家长都是有些坐立不安的。如果是六个科目，每一个都没有进前十的话，那家长就会如坐针毡。我身边的家长开玩笑说去家长会之前要准备好速效救心丸。这虽然说是一个玩笑，但是在家长会结束后孩子将要面对怎样的遭遇，其实也是每一个孩子担心的事情。孩子在开家长会之前也基本处于半崩溃的状态，当在所有的名单里或者表扬信里没有自己的名字时，他就会全盘崩溃。针对这种家长会现象，我常常会跟家长说："这的确是个考验，但如果你都经受不了考验，你怎么能希望你的孩子淡定呢？在你们共同面临考验的时候，选择和你的孩子站在一起，这也许是增进亲子关系最好的机会。让他在最紧张无助的时候发现和你在一起，这其实是'残酷家长会'带给你们的机会。"

第三十个故事：青春期的男孩更需要父亲的关怀和爱护

我的一个学生进入青春期后，开始不爱跟爸爸妈妈沟通。妈妈非常担忧，觉得孩子小时候挺好的、挺亲和，现在变得拒人于千里之外，很不习惯。孩子的爸爸妈妈并不要求他学习成绩必须

特别优秀，只要他愿意和家人沟通，表达出自己的想法就可以了。

我跟孩子沟通时，孩子告诉我爸爸对他要求特别严厉，虽然不要求学习成绩，但对他的每一种行为都有严格的要求，要求他对爸爸讲话要绝对尊重，要表现出父子之间的尊卑长幼。孩子在爸爸身上没有感觉到父爱，没有感觉到关心和亲近感。

通过沟通，我发现孩子是极端缺乏父爱的，他说爸爸从来没有抱过他，也没有亲过他，从小到大都没有过身体上的接触。男孩子八岁以后，非常需要和爸爸一起学习、沟通、思考，和爸爸一起成长。这个故事中的孩子在成长的过程中，爸爸充当的是中国传统上的严父，尤其对儿子要求特别严格，因为男孩要做男子汉，将来要承担很多责任和义务。爸爸刻意的严肃、设立的家庭规则让孩子紧张不安，在这样的家庭中虽然爸爸一直在管理孩子，但对孩子的爱却是缺失的，对孩子的成长是不利的。

孩子都喜欢在和谐的、宽松的环境里长大，如果爸爸能够亲和友善地和孩子在一起，让孩子感觉到放松，如果爸爸和妈妈之间的亲密感强，对孩子的亲密感更强，孩子才会产生更多的幸福感。

我和孩子谈话结束之后，爸爸妈妈也参与了谈话，我把孩子的感受直接讲给了爸爸，我刻意地观察了爸爸的表情，发现爸爸那一刻还是挺受触动的。可能爸爸自己就生长在一个严父家庭里，他的父亲对他要求也比较严格，虽然父母并没有打骂他，但所有的问题都必须严格按规矩处理，这种家庭中长大的孩子内心的父爱是有缺失的。通过这个故事我希望让更多的爸爸了解孩子内心的需求，尤其要了解男孩和爸爸之间的情感关系应该如何处理。

08 第八章
家长问题集锦

1. 对于0～2岁儿童，如何进行英语语感启蒙？

0～2岁儿童可以用音乐来完成他们的英语语感启蒙，因为英语属于韵律语言，家里可以播放《Wee Sing》《语感启蒙》这样的音乐或者视频，来实现孩子英语语感启蒙。

2. 对于3～4岁儿童，如何在家搭建英语学习场景？

3～4岁是搭建英语场景的最佳时期，孩子可以通过画面和语音的对应，来理解英语语言的表达方式，家长可以在家通过陪孩子看动画片、看英文电影、听故事的方式来实现语言场景的搭建。

3. 5～6岁儿童如何实现英语输出？

5～6岁孩子可以尝试着进行英文的输出了。我们可以让孩子和外教沟通，或者到真实的英文环境中，让孩子去尝试输出。如果在家的话，我们也可以让孩子通过打电话来和外教进行交流，这是一种最不伤害眼睛的学习方法。

4. 幼儿早期大量输入英文的目的是什么？

孩子如果在幼儿时期实现了大量的英语听力输入后，那么当他的听力词汇量达到3000个，他就可以比较容易地进行英语绘本阅读了。

5. 如何正确地选择英文绘本？

家长如果能够用英语直接陪伴孩子进行绘本阅读，就可以用原版的绘本；如果家长的英语能力有限，那就可以用分级阅读来实现绘本的阅读。

6. 孩子学完自然拼读后，真的能实现会说就能写吗？

当孩子具备了3000个以上的听力词汇量后，在学习自然拼读时，他才有可能掌握英语语言的发音规律，才有可能具备能说就能写的能力。

7. 如何实现从绘本到章节书的阅读呢？

从绘本到章节书，其实是一个比较难的过渡，那我们有什么方法来解决呢？我们可以先让孩子听大量的章节书，从听到读会是一个比较容易实现的过渡方法。

8. 暑假为什么要放那么长时间呢？

设立这么长的暑假，大家千万不要以为是让孩子去补课的。设立暑假是为了让孩子们寻找自己的兴趣，因为所有的兴趣都必须通过大量的时间去探索、去思考，孩子才能找到自己真正感兴趣的事情。所以家长一定不要给孩子们排满课外班，可以让小朋友在社会中学习、在家庭中学习，来弥补学校教育的不足。家长可以给孩子选择更多的项目去学习，如营地活动，让孩子真正地去探索大自然、探索科学。

9. 如何高效地规划孩子的暑假时间？

暑期规划确实是非常有学问的，我们可以把它设计成三个步骤：第一步，孩子刚放假时让他们放松一下，可以去旅游、去营地学习，让孩子去寻找到放松的感觉；第二步，选择一些带学术气息的活动项目，比如科学类的活动、艺术类的活动、演讲、辩论等，让孩子去体会学习，带给他们真正的价值和意义；第三步，我们才真的可以去学语、数、英，为什么呢？因为马上就要开学了，我们要让孩子既能复习上学期的知识，又能够预习下学期的知识，有一个更好的知识衔接和心理准备。

10. 暑假活动应该怎么选？

核心就是孩子确实喜欢、感兴趣，因为只有真正喜欢，我们才能把它发展成一个特长，那么假期就是一个长时间让孩子浸润其中的学习过程。采用这种学习模式首先要跟孩子讨论他喜不喜欢，很可能会出现一开始他很喜欢但是学完了他不喜欢了的情况，但这也是一个巨大的收获。为什么这么说呢？因为下一次我们有可能会有一个新的尝试。所以所有的选择都要基于孩子真正的热爱，才有可能发展成孩子真正的特长。

11. 学术英语课应该怎么选？

每个孩子的学习能力是阶梯式成长的。如果我们孩子现在在一年级，他很可能还没有形成读章节书的习惯，我们就要去选择那种阅读章节书的课程，但是也要注意外教课和中教课的匹配，那中教课补充的是什么呢？其实是补充孩子的词汇量和阅读的习惯。如果我们准备得挺好的，那我们应该怎么去选择呢？可以选择一些培养学术能力的课程，比如说用英语来学历史、哲学、阅读，这样可以对孩子的学术能力有一个非常好的培养。

12. 营地学习的价值在哪里？

营地学习是为了培养孩子的一些能力，比如说他独立面对生活的能力、社交能力。但是如果本来就认识的孩子在同一个小团队里学习很可能会扎堆，这种学习并不能真正起到培养孩子社交能力和结交新朋友能力的作用，所以还是建议按照孩子的兴趣去选择而不是扎堆选择。

13. 女孩该不该培养数学思维呢？

很多家长都关心女孩该不该培养数学思维的问题，其实不管是男孩还是女孩，我都推荐家长及早地开始数学思维的培养。因为在我的身边就有很多女孩真的被MIT录取的例子。那又有一些家长说，如果女孩学数学会不会显得她太枯燥了或者她的思维就比较死板呢？其实不是这样的，因为数学思维培养的是一题多解的能力，那么同时对应的是他一个问题用多种方式去解决的能力。所以数学思维的培养不管对男孩还是女孩，对于将来走向社会都是非常有用的，所以女孩也一定不能放弃数学思维的培养。

14. 如何培养小朋友的数学思维，进而来搭建数学思维体系？

搭建数学思维体系目标的实现是比较长远的，那么怎么去搭建呢？三岁时，我们可以开始培养孩子对数学数字的敏感度和逻辑能力，然后上小学以后、小学三年级之前，我们可以进行一些数学思维模型的学习或者奥数的学习。

15. 小学三年级以后数学思维怎么培养？

如果孩子喜欢打竞赛，可以参加各种各样的数学竞赛，比如奥数的竞赛或者AMC体系的竞赛，以及数学大联盟的竞赛；如果孩子喜欢动手，我们可以让他去动手学习一些科创类的活动，比如说PBL的学习，培养孩子数学思维进一步拓展的能力。到了六年级以后可以参加更有难度的数学比赛，比如AMC8以上的比赛或者是科学创意类孵化的比赛。

16. 对于中学阶段的孩子，如何用数学思维能力增加学习动力？

再往高阶，孩子可以用他所做的项目去参加英特尔或者谷歌组织的比赛，在这些比赛中取得成绩对孩子将来的升学会有巨大的帮助，同时也能够培养孩子的逻辑思维能力和各方面学科交叉的能力。

17. 孩子几岁学奥数最合适?

几岁开始学奥数其实是一个比较难回答的问题,我们要看之前孩子思维搭建得如何。我推荐大家从三岁就开始在家里培养孩子的思维逻辑,如果从三岁开始培养且孩子对数和图形等的敏感度高,我建议从一年级就可以学习奥数了。那么奥数怎么学呢?从一年级到二年级我们可以先进行前端的思维搭建,不用体系化地学习。但是如果我们要想从头至尾有一个完整的学习逻辑,就要进行系统化学习。

18. 为什么奥数好的孩子学习理科比较容易?

奥数好的孩子计算能力强,他应用公式的方法正确,也理解这些公式是怎么来的。那么当他学习物理、化学公式的时候,他会深入到这个公式的背后,去探讨这些公式的来源,这也是他的基本能力。另外奥数思维是比较难的思维,他要不断地挑战难题,那他挑战难题的能力已经逐步具备了。当遇到比较困难的题目时,他就有勇气,也有好奇心去面对新学科,也愿意去一探究竟,所以奥数好的孩子理科都普遍学得不错。

19. 家长能在家里教孩子学奥数吗?

家长应不应该在家里教孩子学奥数呢?如果家长是理科基础好的而且有耐心、能够引导孩子思维发展,可以在家里陪孩子学奥数,尤其是对于一、二年级孩子。其实一、二年级的奥数逻辑是比较简单的,家长如果有耐心陪伴孩子是可以的。但是大家切记，如果你的数学思维特别好、数学能力特别强，不要用公式去解决奥数中的问题。因为奥数从小培养的是孩子的一种思维能力，比如一个题有没有多种解题的方法，一种方法又能不能反复去使用等。我们培养的是这种逻辑能力，而有些家长因为很习惯用方程去解题或者用公式去解题，这样的家长显然是不适合在家里陪伴孩子学奥数的。

20. 为什么演讲能力是孩子走向社会必备的能力？

现在社会发展的速度经常是我们家长难以预料的，那将来孩子有可能从事什么样的职业，也是我们无法想象的。然而孩子在升学、求职各个环节都需要有自我展示的能力，而演讲能力就是自我展示能力的基础。我们通过从小培养孩子的演讲能力，让孩子了解我是谁，我有哪些能力，我的这些能力通过什么方式来体现。

21. 生活中如何培养孩子的表达能力呢？

父母作为孩子成长中的第一个参与人，给孩子输入的东西越有质量，孩子表达得就越有质量。我们陪孩子一起读书，陪孩子一起思考，和孩子一起讨论，就是锻炼孩子深入思考能力的过程，每一个孩子和父母讨论交流后，会变得有思想，他输入的东西和输出的东西就会更有价值。那么我们会觉得这个孩子，他为什么这么有想象的空间，为什么自己有自己的逻辑呢？是因为父母从小在给孩子读绘本甚至给孩子搭建舞台的时候，在刻意地培养他的表达能力，所以父母才是孩子们第一堂演讲课的最好的老师。

22. 内向的孩子就一定不擅长表达吗?

很多家长在孩子比较小的时候，就会给孩子贴上一个内向的标签。内向的孩子有自己天生的优势，他会在自己擅长的某一个领域钻研得非常深;他经常会在自己喜欢的领域，思考得特别深。那我们家长就要刻意地引导孩子在自己擅长的领域去表达自己，我们要了解他擅长的领域的一些核心的价值，我们要跟孩子一起思考讨论他擅长的领域、他能够做出怎样的贡献。我们通过对孩子擅长的领域进行进行启发、鼓励，让他有自己的舞台，这样的孩子即使内向也会在自己擅长的领域变得外向。所以我们一定不要从小给孩子贴上内向且不善于表达的标签，其实内向的孩子在自己擅长的领域，也会非常善于表达。

23. 国际学校的孩子为什么也要学演讲?

国际学校的孩子比起公立学校的孩子，确实有更多的舞台、有更多的机会去展现自己。但是演讲和辩论却是非常专业的领域，通过学习专业的演讲和辩论的技巧，孩子会更善于表达，更能够体现他的领导力，更能够体现他的团队合作能力。所以演讲和辩论，还是要通过专业的学习才能够得到真正的提升和发展。

24. 学习英文辩论可以锻炼孩子哪些能力?

学习英文辩论，可以锻炼孩子多方面的能力。首先是孩子的表达能力，其次可以锻炼孩子的自信心。另外英文辩论通常都有一个团队，在团队里能够锻炼孩子在团队中的团队协作能力。在前期准备辩题时，孩子要做大量的搜索工作。孩子可以培养如何从网络上搜索到自己需要这种资源的能力。而且同时在辩论的现场，会有即兴表达的环节，也能够锻炼孩子临时反应、表达观点的能力，所以英文辩论是培养孩子各方面能力的一个非常好的学习方式。

25. 学习英文辩论有哪些需要避免的坑?

很多家长以为我的孩子英文能力不错，能听会说，只要找一个和他水平相当的搭档，对于新的辩题，在家里做一做练习就可以了。其实不是的，因为辩论是非常专业的，一定要有专业的教练，带着孩子们进行辩论的练习。同时要告诉孩子们如何破题，如何去搜索资源，如何用更有效的证据去说服裁判和对手。这些都是非常专业的，所以家长一定要给孩子请到专业的教练、专业的团队，一起去学习辩论。

26. 孩子学乐器坚持不下去怎么办?

第一，我们可以减少孩子每周练乐器的时间，只要一周坚持练两到三次就可以了；第二，我们可以和孩子一起聊一聊音乐，我们在家里不要要求孩子必须要达到老师的要求，不要让他练枯燥的音乐，而要让孩子和家长一起讨论，讨论音乐带给他的快乐是什么；第三，我们可以给孩子提供表演的舞台，可以组织小区的几个小朋友，或者是乐队一起的孩子，给孩子提供舞台，让孩子参与表演，让孩子获得成就感；第四，我们也可以跟老师进行沟通，千万不要让孩子盲目地去考级，给孩子增加压力，一定不要和别的孩子做比较。

27. 为什么建议每个孩子要学艺术？

我经常会建议家长，一定要让孩子学一门艺术，为什么有这个建议呢？因为艺术会增加孩子的感知力，会让孩子更加欣赏美、享受美，所以艺术其实是培养孩子情商的一把非常关键的钥匙。情商高的孩子，他的感知力强，他能知道他的亲人、朋友，甚至他的同伴那一刻的情感，能够和别人实现共情。情商也是孩子走向社会必备的能力，所以孩子一定要去通过艺术增加自己的感知力、表达能力。

28. 孩子应从几岁开始进行艺术素质培养呢？

建议四岁以上的孩子，就可以进行艺术素质的培养。家长可以带着孩子，去听一听每一种乐器演奏出来的声音，根据孩子的喜好，帮他确定一种乐器的学习。那么对于爱画画的孩子，我们要带着孩子多去看看博物馆，多去看看美丽的图画书，让孩子确定他更喜欢哪一种绘画艺术。对于爱跳舞的孩子，我们要让孩子多听音乐、多看舞蹈类的节目，让他感知美，让他确定自己更喜欢哪一类舞蹈。

29. 奥数到底该不该学？

孩子要上小学了，到底该不该去学一些奥数知识呢？这是很多家长都在咨询我的一个问题。其实这一定要因人而异，如果孩子上小学一年级后，所有的校内数学课程，对他来说很轻松，那么他就需要加餐了，奥数就是加餐的一种。如果孩子从小的数学思维能力就培养得非常好，孩子在见到奥数题的时候有好奇心，愿意继续深入地去思考、去琢磨，这样的孩子也一定要去深入地学习奥数。

那么奥数究竟能培养孩子的什么能力呢？包含但不限于：一题多解的能力，深入思考的能力，甚至是愿意钻研、愿意多做数学题的能力。所以奥数该不该学一定是家长细心观察之后才能够得出的结论。

30. 哪些游戏能培养孩子的数学思维能力？

怎么通过玩游戏来提高孩子的数学思维能力呢？今天我介绍几种方法。比如我们小时候玩过的翻绳，就能够锻炼孩子的思维能力。我们还可以选择棋类的游戏，比如说中国象棋、围棋、跳棋、军棋，也可以培养孩子的数学思维能力。其次我们选择一些益智类的游戏，如乐高玩具、魔方、拼图等，这些游戏都可以和孩子一起玩，培养孩子的数理空间能力。另外还可以选购一些图书来培养数学思维能力，比如说折纸类的书，在过程中只要家长细心地陪伴孩子，和孩子一起玩、一起学习，就有助于培养孩子的数学思维能力。

31. 为什么数学学得好，其他理科科目也都容易学得好？

"学好数理化，走遍天下都不怕"，这是很多家长都听过的一句话。数学是理科的重中之重，它可以从小培养孩子的数学思维能力，而其他理科科目，比如说物理、化学、生物，要求孩子达到了一定的认知水平以后才能够开始学习。而真正让我明白数理不分家的，是我孩子申请完美国高中之后的一件事。当时他收到了一封邮件，邮件里告诉孩子，根据他的数学能力测试，可以直接选择高阶的物理课程。那一刻我明白了，只要孩子的数学基础好，他就可以选择有难度的其他的理科课程，所以说数学是物理、化学、生物的基础。

32. 家长如何帮孩子选择合适的运动？

如何给孩子选一个他既感兴趣，又适合他的运动呢？这可是个技术活。在孩子五岁以后，家长可以带着孩子多尝试几种运动，在不断地尝试中，能够发现孩子更擅长哪一项运动和他更喜欢哪项运动。当发现他喜欢的运动的时候，一定要给孩子选择专业的教练团队，因为专业的教练团队能够保护孩子，既可以保证他的肌肉发展，又可以保护他的运动兴趣，同时在专业的方向上能够让孩子取得长足的进步。

33. 为什么建议孩子从小就进行体能训练？

孩子在成长的过程中，运动能力非常重要。那么什么地方最适合培养孩子运动能力呢？那就是体能训练馆。在体能训练馆里有非常专业的教练，可以带孩子一起进行体能训练，同时培养孩子运动的协调能力、平衡力，孩子的小肌肉群、专注度都会得到发展。而且在运动馆里，孩子还有另一个社交的场所。家长在教练陪伴孩子学习的过程中，一定要细心观察，也可以学习一些专业的运动技能，在家时也可陪伴孩子锻炼他们的运动能力。

34. 为什么名校招生更青睐有运动特长的孩子？

因为一个小孩从小就参加某一项运动，而且坚持了很多年，说明他身上一定有一些闪闪发光的品质，比如锲而不舍的精神、吃苦的精神，同时他一定有团队合作的能力。因为比赛一定要面对输赢，经过一次一次的失败，孩子坚韧不拔的精神、内心的力量一定是非常强大的。这样的孩子，无论是走向校园还是走向社会，一定也会是一个闪闪发光的人。

35. 去几次孤儿院、养老院就算做公益了吗？

拥有国际视野的家长都知道，学校会要求孩子们做一些公益活动，但真正的公益，并不是说我们带孩子去几次太阳村，去几次养老院就可以了。真正的公益一定要源于孩子内心的爱。讲一个小故事吧，一个小朋友他从一年级到六年级都是班里的劳动委员，每个暑假他会把班级里的花搬回家里去养，开学以后再搬回班级里来，就这么一个小故事就深深地打动了美国的招生官，最后他也被录取了。真正的公益一定要源于孩子内心的爱，只有这种爱才能够感染到周围的人，才能把真正的爱带给全世界。

36. 到底要不要去美国读中学？

现在美高家长圈最焦虑的就是该不该把孩子送到美国去上学。送去美国确实是有路上安全的问题，和去学校以后的安全问题，而且有些小朋友就是非常喜欢跟国内的同学一起学习，跟老师一起学习。所以尽管有些家长还是希望把孩子送去美国，但还是决定是把孩子留在中国上网课，因为在中国上网课的时候，孩子总体来说收获还是蛮大的，唯一欠缺的就是社交。不管是去美国还是留在中国，每个家庭都应根据孩子和家长的个人选择来做决定，并没有正确或者错误。唯一要提醒大家的是，一定要注意路上的安全和到美国以后的安全问题。

37. 语文阅读理解提分怎么这么难？

其实我们在阅读的时候，应该区分两个概念，一个是兴趣阅读，另外就是应试阅读。而孩子在做阅读理解题的时候，其实考查的是第二个能力。他有可能经过大量的课外阅读之后，对阅读的感悟力到达了相应的层次，但是没有经过系统的阅读训练，所以在答题时就很有可能丢分。那么给孩子买讲解阅读理解练习的书可以解决问题吗？其实未必，应该更加关注的是训练之后的反思，也就是说要好好地去考虑这道题，想想它到底在考查什么，这类题型的答题思路是什么，所以应要求孩子在答题的时候思考他自己的答案和参考答案之间的异同点。

38. 大语文究竟是指什么？

大语文是什么，不同人可能会有不同的理解。但是业界比较认可的大语文，首先还是学习方法和学习观念的颠覆。我们传统上学习语文是按字、词、句、段、篇的顺序学习，也就是说是从工具性的内容上开始学起；而现在的大语文是先着手于人文性，也就是说在相应的历史背景和知人论事的背景之下学习一个篇章，然后在深刻理解篇章内涵的基础上，再去渗透到基础知识，即字、词、句、段、篇。